U0165827

手舞足蹈

兒童舞蹈教學

On est heureux en dansant

黃金桂／著

五南圖書出版公司 印行

Dear 作者簡介

學歷

法國國立格勒諾布爾第二大學舞蹈系（L'Université de Grénoble 2）

曾是專業舞者，舞蹈教學經驗達十七年之久。

經歷

舞之雅集專業舞團資深舞者、專任教師。

演出過梁瑞榮、羅曼菲、彭錦耀、王雲幼、郭美香、吉姆‧梅
（Jim May），李昂‧康寧（Leon Koning）等編舞家之作品。

在法期間，曾於格勒諾布爾夏季藝術節「與城市共舞」，參與共
同創作演出舞碼「Hétoïse et. ..」。

曾為台灣舞蹈雜誌、表演藝術撰稿。

開始走入藝術教室，曾為這些教室創出亮麗的招生成績或行政事務

台北蘭陽舞蹈團舞蹈組組長

沛思鋼琴行政主任及開設幼兒舞蹈課程

蘇荷美術特別助理

後於新店成立「藝術村工作室」，專心研究舞蹈及教學。

Dear 「舞蹈人」的沈思

　　我是個「舞蹈人」，但對於陪伴我近三十年的技藝，卻從未對外談起。以前我用跳舞來表達一切，這幾年我開始喜歡教學和寫舞蹈。我認為「寫舞蹈」也是一種貼切的對話，用它來記錄教學和舞蹈經驗，作為最棒的檔案儲存。「舞蹈」幫助我討生活近二十年，以後還要繼續。回想十七、八歲，就跟著願意栽培我的老師「上山下海」到處演出、教學，跑遍了大半個台灣，近年來，除了教學，我時常在想，除了教舞之外，我還能為舞蹈做些什麼呢？這五、六年來，我開始希望賦予自己另外的生涯價值，慢慢地將舞蹈提升為研究的對象，因為這是我的興趣之一。現在擁有高技巧的年輕舞者很多，但做舞蹈研究的卻很少，剛好現在我也樂在其中，於是，就這樣默默地執行灌溉，應該可以走出自己的舞蹈之路，並在年屆四十之際，付出智慧和成果來貢獻給我一生的好朋友——舞蹈。

　　在這趟旅程的出發起點，我選擇以「教學」來進行研

究，因為它是舞蹈的基礎，也是目前看來最急需研究進化的。我將這本著作命名為《手舞足蹈》，是上課時部分的教材和心得，也有一些是對教學的觀念感想。因為我每每於教室裡看到學生們「手舞足蹈」，盡力地想滿足我這個要求完美而挑剔的老師的要求，我心中清楚他們跳得很好，也知道自己是個「難搞」的老師，因此，我希望記錄這幾年來在「工作室」裡上的每一堂課，及教過的學生，鼓勵他們為學習而付出，因此取名為《手舞足蹈》，來謝謝大家對一切的支持。

我希望「教學」也能偏向較有創意的方向，以多樣性主題為主，不拘泥於任何技巧模式。它是很綜合性的，它可以是知識觀念、動作、時間、空間或純粹的創作；有時也可以是周邊藝術的認識。例如：道具服裝、舞台設置、編劇之類，讓整個學習應有盡有、無所侷限，而想達到的目的是「學習者對舞蹈的表達能力、獨立的思考力和肢體的應用，以及藝術性的增生」，讓它有別於以往既有的上課模式，意圖讓課程重複性降低、脫開習慣的框架，讓身體適應各種可能性及培養靈敏腦力、發掘可塑性，我認為這才是聰明的舞蹈教育方式。

　　藉這幾年的社會生活，我體認到工作除了賺錢之外，還能得到快樂與滿足，這是至高的生命品質，所以我從未感覺舞蹈帶給我什麼不舒服。縱使現在著重在教學，我也從不忘記創作。它可以為我帶來心靈泉源，且可以應用在教學上，因為教學更需要創作，可幫助思考要教的目標及豐富活絡課程內容。創作讓我心情澎湃。豐盛的創作力也是舞蹈老師必備的條件，因為舞蹈照本宣科的教法，是最易阻塞一切效果的教法。我已習慣創作是教學的因素之一，它可以呈現理念、表達想法，與編舞家不同的是，編舞家駕馭觀眾，而我駕馭學生。

　　從對的觀念來從事舞蹈教學，那就是件充滿成就而且自在的好工作。許多專業舞者必須在演出之餘兼任舞蹈老師，而舞蹈老師也期待著能演出，不管是站在何種角色，都應能認真、專職以對之。

　　在我的教學想法裡沒有派別可言，雖然各類藝術有形無意地都存在派別風格，但我內心深處，喜歡處於「無派別」裡，如同高行健先生的著作《沒有主義》般，舞蹈之於我是一種「表達」，別無其他。生活中，人們用語言來表達生命的種種，而我單純地認為：舞蹈家是用身體來言

語所有的一切，這無關乎任何派別的「技巧」。「技巧」對我來說是訓練身體的方法、建立表達的工具，不代表舞蹈的所有，若是教學只在乎技巧，我覺得那是不完整的舞蹈教學，無法培養出應有的藝術性及創作能力。

教學常步向「工具」的製造廠，浪費可惜了應學習的黃金歲月，唯一建築的是表象的支架，這是令人嘆息的。當然我也了解，每個學跳舞的人都很希望能有很炫的技巧，但若沒有腦袋和身體漂亮的結合，肢體是很難有完美的發聲，更難突破許多舞蹈路上的瓶頸，也不能真正擁有成為舞蹈家的實力。

帶著不同的思考角度，我看台灣近幾年來的舞蹈方向，較偏重於鼓勵大家邁入專業舞者之途，雖從某個角度看有其必要性，但也期許路途可以更廣、更活。想想舞蹈其實有許多廣闊的發展，除了跳舞之外，還能教舞、編舞、寫舞、評舞、看舞，或單純只是愛舞，都是很棒的舞蹈發展，豐富的既是實質，也可以是內心陶冶。

也有人因跳舞而開始將舞蹈攝入鏡頭，創造舞蹈影像作品，讓大家透過照片看到舞蹈的瞬間。大畫家「竇加」畫了舞蹈，雖然他不會跳舞，但是透過粉彩、油畫，將舞

者納入畫面，是多麼令人賞心悅目的事，這些都是很棒的例子！而舞到心坎裡的我，希望看到的是它的蓬勃，而非萎縮，教育即是起程，好的起程締造好的基礎，接下來的發展就不在話下了。

七、八年來，我一直喜悅地告訴他人：「台灣舞蹈觀眾素質，越來越不同凡響」，國家社會過去幾十年來的教育沒有白費，舞蹈界人士也應該有所體認。其實台灣有大部分的習舞者，把時光花在上課、練舞、排舞，較少花時間了解周遭、體認社會。記得我在法國唸書時，系上排了相關的「社會學」與「美學」課程為必修學分，是有道理的，因為學藝術的人無法洞悉社會和掌握美，如何創作表達？如何引發觀眾共鳴？其實，現在人人都認識現代舞了，既然如此，那就要提升人們參與和擁有舞蹈的意願。若是「舞蹈人」仍懷著不了解社會的舞蹈觀念，過於脫離人們的思法，無法時時停下腳步思考更廣、更好的道路，這對舞蹈的拓展會是個阻礙。

在看到觀眾的成長而感到喜悅的同時，也期望對「舞蹈人」勉勵，儘量讓各種聲音存在舞蹈界，那會是蓬勃的最佳途徑。我時常進小劇場去看製作成本低、尚未聞名的

個人或團體演出，發現真的有許多可以提振舞蹈的年輕力量，是值得令人興奮喝采且鼓舞的。但這些不錯的演出，幾乎已快速消失在台灣的舞台上，令我尋不著下一次欣賞的機會，內心感到好遺憾。我不了解背後真正的原因，只覺得好可惜，落寞油然而生，平凡如我，除了感嘆也只能在家中哀怨，繼續回到自己的崗位上，乖乖地教學、好好地研究，能有機會看著學生成長、寫著舞蹈就已是幸運的。讓自己躲在台北的某個角落，無聲地實現這一切，抓住機會揮灑出來，是圓夢也是成就內心的期待。

接下來，在書中的部分章節我提供了許多課程實例，可以應用在專業課程及平時的活動。例如：對一般幼教、劇場或活動教學，都能有所幫助，甚至於家長也能運用在與孩子的互動中。家中若有年紀小，還不用去上課的小朋友，我鼓勵家長們也跟著書中的操作，試著讓愛跳舞的小可愛們也能學習到一些適合他們的基礎。對於已在上課的小朋友，也建議老師可以每週搭配一堂此類課程，來建立孩子們的思考能力及其他應有的教學；而上技巧課時，也可應用其中的觀念，讓學生更了解原因，自信地掌握身體而且靈活運用。一般人平時想活動，也可運用書中的主題

訓練身體，單獨或者和家人朋友一起跳都可以，有助於增進創意和生活樂趣。

以前我每週都必須到工作室去上課，現在我將工作室結束了，想要寫寫舞蹈，累積下一階段的能力，做些自己更想做的事。寫寫舞蹈是另一種嘗試及表達，為了增加自己的生命價值，也為這個伴我大半輩子的好朋友留下共同紀錄，像製作一本封藏的回憶，把腦中的所得慢慢公諸於世，這些的開頭就是這本書——《手舞足蹈》，請慢慢欣賞我和舞蹈教學的公開對話，也願拙作能為您提供幫助，使您的舞蹈之路收穫更多且充滿愉悅。

目　錄

Chapter 1

哈囉！新生們

新生總是彼此陌生，對於初次上課的孩子們，可以有效免除不必要的害羞及對表演的恐懼。舞蹈是好的入門引導，將此類課程排在新班成立時，可以有效地協助未來的課程。

用身體畫圖

正常情況下，用手來畫圖是自然現象，每個人都會，但用身體畫圖，可就不大習慣了，它是種特殊的訓練，可以在教室裡或活動中執行。

課程一開始先想想畫些什麼呢？可以是圖案、文字，也可以是單純的線條。但用什麼畫呢？今天我們要用肩膀、頭、手、肚子、腳或其他身體部位來畫畫。所以，鼓勵孩子們大方地放開身體，儘量嘗試，人人都可以辦到，連從沒學過跳舞的人也可以。

開始遊戲了，將大家分成第一、第二兩組，讓第一組先當「小老師」給第二組出一個題目。例如：用嘴巴畫蘋果；用前胸畫一條船；可以用手指頭寫 1、2、3；用手肘畫一棟房子；把自己變成青蛙……等都可以，你可以現在就站起來試試看！這樣隨意地出題，讓大家依照題目比畫出來，出題的人可以邊出題目、邊欣賞表演的人像不像題目所指，如果不像，可以反應並要求重來，一直到滿意為止。由老師控制時間，適時換組。

這樣半遊戲的課程，可以初步引導剛接觸舞蹈的小朋友在不羞澀的情形下，自然展開身體、跳出動作，讓身體歪七扭八，在不知不覺中開始跳舞、手舞足蹈起來。當然，也有人天生不害怕伸展肢體，在大家面前跳舞的，他對動來動去毫不在意，這種更好，讓他跟著題目舞動，全身就都動到了。但有些小朋友不同，有人盯著他看，就會拘謹起來，好像全身都黏住了，身體不聽話，無法盡情舞動。藉由這樣半遊戲式的舞蹈方式引進門，可以

去除他們心理的障礙，也自然灌輸舞蹈的自在性。只要初期覺得好玩有趣，願意樂在其中，接下來的課程也一定能輕易投入，這就是走入舞蹈最快的捷徑！

第二個步驟可以配著音樂，把剛剛在遊戲中的想像串連成舞蹈。例如：用嘴巴畫蘋果、耳朵畫山、腳畫瓶子等等，把它們串連在一起，只要是剛才用身體畫過的動作都加入，變成一首舞，只要不超過音樂的長度就可以，將四肢刻畫出的身體圖形變成舞蹈；真正的跳舞擺動身體，隨著音樂飄揚著，練習多次後，再將大家分成表演組和觀眾組，可以輪流欣賞他人的組合，從中看到身體形成的圖案，那些豐富線條，刺激著觀看者的想像思維。

這樣好玩的舞蹈創作啟蒙，已悄悄植入孩子的腦袋和肢體，在空間中產生宛如繪畫般的語彙，也從小感受到大腦與身體的相互運作；另外一個目的是了解「身體」的功能，畫筆及顏料是繪畫的工具，而舞蹈的工具是「身體」，那麼身體聽誰的指揮呢？身體受大腦的控制，因此，想將舞跳好，就要有能力將腦中想法轉換成動作舞蹈出來。剛開始，學跳舞的小朋友可能無法馬上體會這種必要性，這需要時間及課程來教導。當大腦想像著主題時，身體跟隨著舞蹈出來，直接傳遞到觀看者的視覺，影響著他

人的感覺情緒，這樣的三層關係，就形成「演出」；台上台下的聯繫者是「作品」，不管偉不偉大，都是表達呈現，這是學習藝術的樂趣，也是在語言之外，還能擁有的表達途徑。

之後，觀眾與表演組互換角色，雙方一來一往，玩得過癮也看夠了，可以休息，或說說彼此有趣的地方，這時要時常丟問題給小朋友，例如：你覺得他們用身體畫得像嗎？看得出來在畫什麼嗎？用身體畫圖有什麼感覺？說說彼此的心得，互相刺激想法、增長智力；為什麼要花時間讓小朋友欣賞別人跳舞呢？一是自小建立看舞的基礎，二是因為好的創作表演者，必是眼光獨到的觀眾，看到別人跳舞懂得賞析，自然也會懂得自己的優劣，從而建立「獨立更正」的能力。

上了這堂課，小朋友會很開心，覺得跳舞很好玩，不再排斥在眾人面前跳舞，跳舞本來就可以這麼靈活快樂。對於第一次上課的孩子們，也可免除許多不必要的害羞及對表演的恐懼。將此課排在新班成立時，能夠有效地協助未來的課程，所以玩得開心是最基本的，為的是容易融入課程，使人們能輕易接觸舞蹈。

上課時，老師需要適當的引導和鼓勵，但「鼓勵」並非是常態的，也非一味過度地誇獎，更不要如寵物般地哄人，因為這會

寵壞人的，應該是單純地「鼓勵嘗試」，使孩子們不害怕挑戰，勇於脫離一般慣性，適應更多非慣性的動作。雖然人類是偏慣性動物，有許多慣性動作，但舞蹈卻時常需要拋卻慣性，才能挑戰更多，擁有更正確的表達，所以，老師的堅持、引導、糾正才能帶給他們真正的幫助。而這一切可以是舞蹈課程，也可以是活動內容，例如：各類藝術課程及團體活動都適用於此類設計來達到效果；舞蹈給予的幫助應不只限於舞者、舞蹈家，也包含一般大眾，人人都有身體，如果都能應用它達到美的效果與樂趣，甚或欣賞而內心愉悅，那生活上也多出一份陶冶的管道。

　　舞蹈可以柔軟人們的心，賦予精神的質感與快樂。若教學內容可以更普及、易學習，那麼在引發興趣和推廣上，應是事半功倍的好方法。

我有翅膀飛飛飛

　　「手臂」是舞者重要的肢體部分，我們從小跳舞，老師會要你學蝴蝶飛飛飛。記得嗎！然後你會拼命上下揮動雙臂，不停地往前跑，但你知道嗎？有翅膀的昆蟲、動物還真不少，並非皆是

雙手舉起上下揮動，因為飛動的姿勢各有不同，所以今天我們要開始學習觀察實物，認識牠們的姿態，還回盧山真面目，不能以偏概全，全都一樣的飛翔動作，是誤導，也是大人不夠認真的地方。

在幼稚園裡，小朋友表演蝴蝶，是上下揮動雙臂滿教室跑，大家快樂得很，蝴蝶！蝴蝶！快快飛，玩得很開心，但真的回想一下，蝴蝶是不是這樣飛舞的呢？蝴蝶的翅膀應是「整片漂亮地前後來回拍打」，而非上下揮動！再仔細想想，實際是否如此！其實上下拍動的是小鳥兒，不是蝴蝶，而老鷹是上下展翅，比小鳥範圍更大。以此類推，接下來想想蜻蜓、瓢蟲、蝙蝠和蜜蜂怎麼飛？有翅膀的生物都可以試著觀察模仿，看看牠們是怎麼飛的？有什麼特徵？只要儘量「真實」就可達到初步的訓練效果。

又好比蝴蝶和蜻蜓都是前後來回地拍動，那兩者又如何區分呢？蝴蝶的翅膀由上到下是一整片地飛動，而蜻蜓只有在上方且小小地拍動，短促而有力。牠和蝴蝶優雅、輕柔環繞的氣質不同，蝴蝶時而停留在花旁，時而隨風飛舞，好不愉快。而蜻蜓時常點水，飛時身體筆直，翅膀不停抖動、輕拍，和蝴蝶優雅輕舞不同，連飛翔的氣質都應在觀察之內。例如：畫家為了畫一朵

花,需看著花直到了解如何畫它,其實舞蹈也是如此,當想表達的是實物部分,那和素描一樣,要畫得像,也要畫得有味道。

　　課程一開始先借助影像或圖片認識更多有翅膀的昆蟲和動物,親眼「觀察」牠們飛翔的動作,然後站起來,用雙臂試試看,「雙臂」可以讓我們化身為飛行動物。只要想像得到,大腦就會像傳輸機般,隨著剛才看到的實例,傳送印象及感覺給身體,傳達出形形色色的飛行動作,讓孩子們輕易舞出更多不同的生物飛翔,教室馬上就充滿了許多可愛翱翔的小動物。

　　利用手臂的揮動,還可以直接訓練手臂能力,手臂一直從後背、肩胛骨至手指頭都不斷地擺動。整個過程裡,身體很容易感覺到揮動的力量,直接加強背部與手臂能力,加上各種昆蟲、動物的飛行姿態不同,力道幅度各異其趣,更能讓孩子們有變化地運用到整個手臂。模仿不同的飛姿,是手臂與背部相應用的好課程。

　　不只是技巧面,它也是編舞的好體裁,讓小朋友共同創作一個飛行世界,配合著動聽的音樂展「翅」飛翔,當然要強調整首舞不能只有單種飛行生物,姿態應是綜合多樣,讓空間裡充滿形形色色的昆蟲和動物。大家一起跳舞,跳著各自的想像,卻又同時共舞,那份愉悅好似上天堂般。看著大家的舞蹈,不了解的觀

眾還以為事先已創作好了，哪會知道是今天才跳的舞，這就是即興→變化→加練習的神奇！這也是團體創作的雛形，因為大家一起跳，潛移默化中學習完成，是效果最好的上課方式。

我常思考技巧是什麼？該如何訓練它？到底是技巧造就創作？還是創作誤了技巧？我總希望它們是互相構成的，單獨好像都會片面化，不停地操練技巧，是我不太愛做的事。我知道大部分人都選擇技巧訓練，但技巧的訓練也應有好的方式，否則絕對無法達到上層。思考不活躍，動作就不流暢。藝術教育最想完成的初衷，應是能將創作與技巧的重要性並進，才能推動學習者的潛在能力，達到最棒的效果！

社會上大部分的人，期待結果而不青睞過程，偏偏藝術教育就必須累積過程，才能有好的結果。當然階段性的成績可以明顯地感受到，但心態上仍無法操之過急。其實連最重要的人格養成都和藝術教育有深厚關係，社會不知道也未重視，大家為了社會的認同，都順流一般而行，令真正的藝術教育者很遺憾。藝術教育無法在學校正確地執行，反而落入民間教室，這代表家長們知道需求，但教育單位總是無法跟上。升學、比賽和表演充斥於各大教室，對內行人來說那是不必要的虛榮和假象，大人們或許沒

察覺到老師們為了準備演出比賽，時常把應該上的課程時間都拿來排練，不再上正規課程，適度還可接受，但過度，就是孩子們的損失，所花費的時間金錢最後只增加了教室的知名度，而孩子卻失去了應有的學習，那真是賠了夫人又折兵！

　　台灣人總是希望努力賺錢，增加有形財產，但也提醒大家，無形的資產會讓人聰明、充滿智慧，使困難不斷地迎刃而解，使心情時常愉快。詐騙集團為什麼如此猖獗，不是沒有道理的，那是因為社會教育沒有訓練建立人的自主性及獨立思考力，所以才會「不聰明」，邁入盲目無知的那一區。先遑論教育願不願意去導向，我先從舞蹈課做起，讓舞蹈課不只是舞蹈課，也可以讓它潛化許多能力，用心態及上課的內容影響人的思想，一點一滴能做多少算多少，豐富提升周邊的人們，慢慢擴大，希望積沙成塔，讓好的觀念、優質的素質也能得到擴充，不枉費自我生命的存在。

小仙女

　　美麗的小仙女，誰都喜歡扮演她，因為她擁有魔法，令人心

想事成。其實「小仙女」就是一堂讓小女孩作作夢的課程。陶醉在仙境裡，每個小女孩都憧憬著仙女輕盈曼妙的衣裳和魔杖，尤其是魔法的神奇更令小小腦袋充滿了綺麗的幻想。銀色發亮的魔杖，輕紗飄逸的粉色裙子，讓小孩們幻想仙境的神奇，孩子們興奮莫名，迫不及待地想和著音樂翩然起舞。

對於「仙女」的曼妙，是種內心的嚮往，以及對美感的抒發，孩子們都樂意陶醉在美好的仙境裡，舞著自己最美的舞姿，如同仙子般飄飄欲仙。就好似百花齊放於裙邊，欲飛欲舞的飄

然，那是日常生活達不到的仙境。讓我們幻想著一切，將「美麗」、「美的姿態」用心感受，寄情於動作之中，跳著舞把它表現出來，讓音樂優雅響起，教室裡也瀰漫著仙境般的亮麗與美感，使每個小舞者都感染其中、陶醉不已！藝術真的是美的表達，在這堂課裡表現無遺，用「美的主題」來引導，會比較容易想像及接近，不僅是技巧上要美的訓練，創作亦是要美的想像。

這堂課非常簡單，只需要將適合的道具服飾準備好，即可輕鬆上完，帶孩子進入從「想像」到「表達」的過程，依著腦中幻想的情景，毫不猶豫地直接跳出來。雖然孩子們跳不出什麼偉大的舞蹈動作，以及高難度的技巧模式，但單純的肢體語彙卻是最真實的美，因此，這堂課重在表達而不在展現。

由於每個人內心對美的價值看法不同，所以絕對允許教室裡出現各式各樣的「仙女」，氣質姿態也可以各自發明。最不希望出現相同的「仙女」，跳著差不多的動作，在各自的腦中有不同的美麗仙境，所以，家長們可以欣賞一下孩子們對美的詮釋。

記得一天上完課後，芊芊和雅雅這兩個學生就說她們好喜歡跳「仙女」，我問她們為什麼？她們就說：「好美啊！臉上帶著陶醉的樣子！」對於六、七歲的孩子來說，她們可能還來不及認

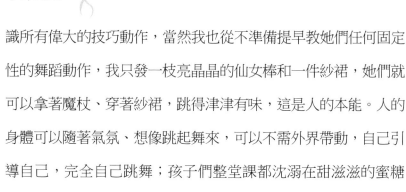

識所有偉大的技巧動作，當然我也從不準備提早教她們任何固定性的舞蹈動作，我只發一枝亮晶晶的仙女棒和一件紗裙，她們就可以拿著魔杖、穿著紗裙，跳得津津有味，這是人的本能。人的身體可以隨著氣氛、想像跳起舞來，可以不需外界帶動，自己引導自己，完全自己跳舞；孩子們整堂課都沈溺在甜滋滋的蜜糖裡，像螞蟻一樣，陶醉不已！連我在一旁也跟著陶醉起來，神奇地感受到她們的心，那份情感晶瑩剔透，這是舞蹈最令人享受的部分。情感的抒發是一般人想擁有卻常苦無機會的區塊，而我的學生卻輕易享有。我鼓勵孩子們從小就擁有這樣的舞蹈，享受優於一般人的機會，她們的內心也會較為柔軟漂亮。

家長也常喜歡問我，我的舞蹈課在教什麼？我都告訴他們：「表達」和「思考」，我認為這是學舞蹈最珍貴的部分。尤其在孩子成長的黃金時期，能夠適時地給予他們機會，藉由身體的表達，去了解自己和別人腦中的想法，有如人擁有一個「傳聲筒」般，它努力地告訴外界：「我在說什麼？」任何聲音都得以說出來，不再只是擺在心中，令外界無法了解，也埋下許多心理上的不定時炸彈。這五、六年來，我鼓勵孩子們表達出來，希望能解讀他們、幫助他們，使孩子們可以健康快樂地長大，那是大人之

福，亦是希望所在。「舞蹈」除了為他們訓練自己、舞動肢體外，也在成長過程中，除了讀書上學，苦讀教科書之外，還有另一種選擇、另一種空間，可以任其想像遊玩、隨心遨遊，使他們有知性也有了「人性」，不會如機器工具般，日復一日地照表操課、乏味疲倦。因此，人生旅途裡多了位知心的伴侶──舞蹈，也就得天獨厚地擁有一切！別以為我在此吹噓，把舞蹈寫得這麼好，這些都是真實體驗，待您真的有機會親身體驗就會有同感的，而且會樂於與我討論。在此祝福正孜孜不倦、每天學習的孩子們，希望美麗仙境永遠伴隨其左右！

唱歌跳舞

　　從小喜歡唱唱跳跳的人不少，這個課程只需要盡情唱歌跳舞，像平常一樣，想想看平常喜歡哼哼唱唱的歌有哪些？可能有划冰歌、小飛俠，還有多啦 A 夢……，每個年齡層都有人們可勝任且喜愛的歌曲，說出來和大家閒聊，甚至一起唱唱看，哪首歌大夥唱得最起勁。最好把它挑出來，一起合唱，而且反覆練習幾回，快樂而簡單地練唱、有趣地增加記憶，待琅琅上口，即可

進行下一個步驟；但也有可能沒什麼大家可以互動的歌曲，這時

現場就會鴉雀無聲、場面冷清，所以就得先準備好幾首人人知曉

的通俗歌曲，而且不要太長，以簡短、易上口的歌曲為佳，讓大

夥兒試唱，不熟的跟著會唱的多練幾次，就熟能生巧了。等大家

唱得差不多時，完全不放音樂就開始邊唱歌、邊跳舞，想跳什麼

就跳什麼，不用特別想也不用套什麼舞步。想扭扭腰、擺擺頭都

行，直覺性地隨歌聲跳舞，唱跳之間，儘量讓身體配合所唱的旋

律，不要差距太大，看著現場大家都很可愛、努力地練習，自然

而然就投入其中了。他們專注的神情讓我感到欣慰快樂！

其實，這麼平凡的課程，用隨手可得的歌曲引導小朋友投入，不論跳舞或任何藝術皆是如此。先有興趣就容易投入，才開始深入。深入後才有體驗心得及專業建立。孩子們不知不覺投入，享受其中專注於無形，從音樂到動作都由自己獨立架構，唱快唱慢，也不特別去限制它。隨著身體能力去調整，重要的是唱跳皆是自己不斷唱練、實驗完成，進而掌控作品的感覺，對於音樂和動作的結合性、段落的掌握、情緒的起伏，都是從感受而逐漸安排，不受老師的指使排練，留給他們時間，完全獨立完成，真正自己實驗後的組合，才是這堂課想達成的目標。

所有的歌都可以如此唱唱跳跳。整堂課裡不只可以表演一首歌，有的人能力強，一堂課下來可以三、四首歌又唱又跳的，很快樂，連老師和同學都跟著快樂得很。就像南歐、中南美洲的熱情民族，每天與歌舞同歡、嘉年華會似的熱情，是一種文化，也是一種樂趣。通常這都是民族舞蹈的起頭，這樣的生活令人敞開胸懷、熱情可人！台灣人的性格較不願表達深層的自我，不過我觀察新一代比我們在這方面好多了。而表達又分好壞，是善意的表達，還是不知為何而表達，甚或更糟或惡意的表達，才是關

鍵，是否能往好的方向去引導，才是大人們重要的責任。

　　另外，如需要用些道具來烘托，老師可以儘量提供。例如：有人需要鈴鼓、響板或漂亮的裙子來製造氣氛，都是好的方式，值得鼓勵，表示孩子們還懂得製造一些情趣氣氛來烘托內容，不要予以否決。小朋友除了在課堂上上完課，也鼓勵他們平時就可以說說唱唱及跳跳舞。「唱歌跳舞」乃天經地義之事，有助於心情養成，讓孩子們時常保持愉快情緒，也讓他們的心境、活力優於一般，不會讓時下被學業壓得死氣沈沈的他們，感到太灰色。如果能多唱歌跳舞來紓解壓力，將會有不同的生命氣息。所以，中和一下不平衡的現況，不讓台灣新生代「未老先衰」，時常對事物感到乏味無聊，這對人生是可惜的。童年就是稚嫩、活潑、快樂，且充滿期待地長大，希望大人們提供的不只是滿滿的課程，也應是一個適於、優於他們的生活感覺，才是下一代之福！雖然目前看來，這期許可能稍微落空，但還是希望有機會去改善。

我和你

某一年的聖誕節前夕，我們得到一份意外的禮物，身邊朋友都羨慕我們，因為那是天上掉下來的幸運。在幸運到來前，我們沒有太多的想法及計畫，更不知道有這麼一天。但您相信奇蹟嗎？它就發生在我身上——我們平白無故地擁有了一間教室。有繪畫課和舞蹈課，裡面有兩位老師，所有的人、事、物都是新鮮的，學生、家長也是初次見面，大家彼此不認識，需要透過解說來了解彼此；小朋友更是陌生，生澀膽怯地躲在父母親後面，探視著我們的眼神，是期待又陌生的。這是我和孩子們的初次見面、彼此了解，可以說是一種「緣分」。因為在招生過程中，也有人來參觀卻未真的踏入這個教室上課，而這些孩子卻留了下來，那是因為我們有彼此認同的地方，所以父母親願意將他（她）交給我們來教導，我們反覆思索著該如何安排這一切？讓孩子們在這裡的學習是值得的，雖不求達到十全十美，但也期待能做到無愧於心。

這是屬於我的回憶，沒想到幾年後，文教業市場興盛蓬勃，

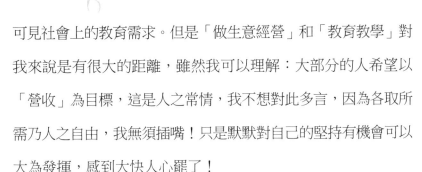

可見社會上的教育需求。但是「做生意經營」和「教育教學」對我來說是有很大的距離，雖然我可以理解：大部分的人希望以「營收」為目標，這是人之常情，我不想對此多言，因為各取所需乃人之自由，我無須插嘴！只是默默對自己的堅持有機會可以大為發揮，感到大快人心罷了！

「個人工作室」隸屬於自己，沒有資方也可選擇無勞方，只有自我的需求，無須擔心老闆的需求，能夠放手去做自己所要的，快樂和收穫都由自己來享受，這樣的工作環境，是充滿個人堅持的。經過時間的堅持，所有的自信、愉快和成就感，都會慢慢浮現於教學成果上，老師充滿滿足又才華洋溢，學生都歷歷在目親身體驗，他們耳濡目染地有了那份薰陶，充滿聰明而自信，走出教室都能自己跳舞、畫畫，這是最終目的，希望學生都能獨力，就算有天緣盡了，無法和我們學習，也能夠自己手舞足蹈、毫不畏懼，想跳舞就能舞之、想畫畫就畫之。我最不希望的就是學生沒了老師的示範就惶恐不安，若沒有人編好動作，就完全無法站在台前跳起舞來，這可是很恐怖的，對我來說是一種沮喪、令人開心不起來，也是當老師的一種打擊及羞愧。

和家長的關係，一直都希望是真實而無矯情的，我知道社會

上時常需要做表面工夫，我也知道與家長共同的交集是「孩子」，所以我們無須浪費時光精力在表面工夫上，可以直接而誠懇地溝通。有時我會拉著某位家長不停地講，那一定是需要和他溝通許多小朋友的問題，用來提醒或確定某些狀況，否則私下大家就如同朋友，天南地北地聊著，是課堂外的輕鬆，也是友誼的來源。我較喜歡告訴家長「實話」，而非「應酬話」。

就我本身而言，也不怎麼喜歡將孩童教學連鎖化，感覺好像「中央廚房」般地將課程發配到每個教室去，讓大家吃到的味道都一樣，沒有什麼個人口味的問題。反正食物煮熟都是死的，填飽肚子也就算了！但學生永遠是活跳跳的，有其特質潛能，以我的拙見與堅持，還是慢慢將小教室裡的蘿蔔頭們教好，這樣比較重要也窩心多了。

連鎖教室的缺點在於研究教材的單位，常常沒有實地的接觸學生，不知道自己依照理論或想法所設計的教材是否適用於該學員們。會不會讓執行的老師難以推動，還得硬著頭皮教完所有課程？因為在上課過程中，一個班裡總有幾個孩子學習特別快或慢，抑或是特殊狀況者，都得「視而不見」地把課程操作完。有時候設計的教材執行起來和實際不符，也不能馬上改善，會影響

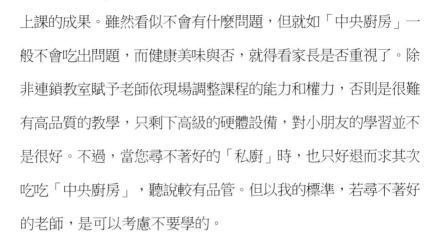

上課的成果。雖然看似不會有什麼問題，但就如「中央廚房」一般不會吃出問題，而健康美味與否，就得看家長是否重視了。除非連鎖教室賦予老師依現場調整課程的能力和權力，否則是很難有高品質的教學，只剩下高級的硬體設備，對小朋友的學習並不是很好。不過，當您尋不著好的「私廚」時，也只好退而求其次吃吃「中央廚房」，聽說較有品管。但以我的標準，若尋不著好的老師，是可以考慮不要學的。

　　所謂「外行人看熱鬧，內行人看門道」。對我來說，開教室教學畢竟是教育事業，而非商業產品，是無法一貫作業的。老師對學生的認識及了解，就是推動他順利成長最好的管道。所謂「課程」只是一個來達到目的的工具，而非所有，許多軟性的部分才是教育真正珍貴的，也是教育者應該重視的。這是一個大社會，我們無法要求事事完美、稱心如意，只是多年來對私人教室的期許和小小期待，希望仍存在的珍貴「私廚」也能繼續堅持，讓舞蹈教育或其他藝術教育存在更多不同的努力方向，不再只有競爭和利益，應可以繼續許多珍貴之處，才是舞蹈藝術進步的潛在動力。

Chapter 2

不再陌生

經過一些課程，孩子們已不再陌生，開始導入較複雜的內容，變化性提高，難度也提高。

從獨立思考談起

本書大部分的課程都針對年滿五歲以上的小朋友設計，對於年齡太小的孩子我通常會請家長別心急，他們不適合送到教室來上課，等大一點，有基礎的認知能力再來，才不會浪費金錢和時間。這段時期倒可以在家邊跳邊玩，因為認知能力尚未成熟，可吸收的有限，小朋友喜歡跳舞，家長可隨時放著音樂讓他們自由舞動、跳個開心，只要不有所限制及注意安全即可，讓他們隨著音樂跳跳舞、扭扭臀，盡興滿足就夠了！

時常有老師問我每天要創作不同的主題及課程，會不會感到枯竭？我總是笑著說：「不會」，我了解大部分老師總是苦惱下堂課要上什麼？課程的來源及創作易有壓迫感，我也曾有過，那是一個過程，若能循著我下面提供的想法，那您也會迎刃而解，輕鬆以對。

我體認到一個重點：「每次排課時，都先想想，孩子們在結

束上堂課後缺少什麼？實際上去為他們改善，就是下堂課上課的
內容。」這就是設計教材的基本出發點，若無法教到孩子們真正
的需求，那也只能照本宣科，很難有效推動、了解學生。

　　控制課堂人數也會增進上課效果，不能過多也不能太少，因

為舞蹈課別於其他，由於它的動態，根據我的體驗，我喜歡保持

六至八人在一個班級。如果人數適當，就容易掌握及親近每個

人，和孩子們的互動也較深入，輕易地針對他們未學習和較弱部

分加強教導。從了解學生開始，就是下堂課教材最好的準備方向，把教材設計變為輕而易舉的事。有了方向可循，又哪會有壓力可言，我有時候忙起來，都能在進教室前整理一下思緒，就可以把課上得精采有趣！

有了上課內容，再加上老師們好的操作心態，課就會上得很好，對我而言，課堂上最重要的堅持是：「自己試出答案來！」永遠鼓勵孩子們用自己的方式和身體去嘗試，體驗過的「過程」，才能真正學會一切；「嘗試」加「探索」才是這個階段孩子增進腦力和身體能力最有效的方法。在這樣的過程裡，每個人都要動腦、動身體才能完成，所以通常跳完就身心俱疲。

在這當下，小朋友試著表達自己，用盡辦法讓身體告訴外界「自己要說什麼？」大聲疾呼地表達自我，每個人都在努力思考，想創造出觀眾可以了解而且產生共鳴的表演，只能用舞蹈語彙，而非文字語言，那種絕妙，是一般語言達不到的。當小朋友懂得如此跳舞，作品是如此生動動人，在我眼中，它勝過舞蹈家們的作品，那份獨特及真實，自然地吸引著我每堂課的目光。

想要具備這樣的程度，就應具備「獨立思考」的能力。在我的課程裡，若有小朋友總是排斥自己去想，那就會被我逼得很

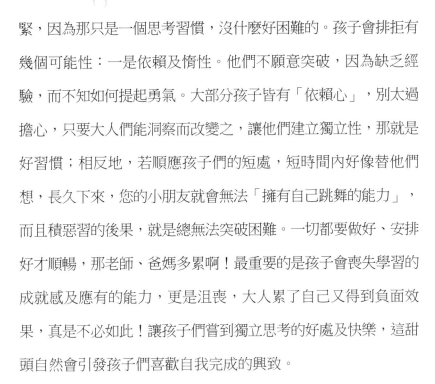

緊，因為那只是一個思考習慣，沒什麼好困難的。孩子會排拒有幾個可能性：一是依賴及惰性。他們不願意突破，因為缺乏經驗，而不知如何提起勇氣。大部分孩子皆有「依賴心」，別太過擔心，只要大人們能洞察而改變之，讓他們建立獨立性，那就是好習慣；相反地，若順應孩子們的短處，短時間內好像替他們想，長久下來，您的小朋友就會無法「擁有自己跳舞的能力」，而且積惡習的後果，就是總無法突破困難。一切都要做好、安排好才順暢，那老師、爸媽多累啊！最重要的是孩子會喪失學習的成就感及應有的能力，更是沮喪，大人累了自己又得到負面效果，真是不必如此！讓孩子們嘗到獨立思考的好處及快樂，這甜頭自然會引發孩子們喜歡自我完成的興致。

　　老師永遠都只能教導、解惑、糾正，絕對無法替代學生，幫他們跳舞。在課堂上老師跳得越少越好，把時間、空間留給小朋友去表現，有需要加強的部分再多多練習，來幫助修正及熟稔，別動不動就一直反覆操練，時間一久，很容易造成思考能力的僵化，小朋友會越教越笨、反應不快，得老師說一才是一，不會自己跳舞。例如：同樣是一個蹲（plié），就有許多教法組合，您可以就plié設計課程，嘗試創作表達。例如：我有個學生小學三

年級，喜歡將plié做成各種動作的結尾及停頓。很好玩啊！他自己形成很爆笑的動作語彙，好像一個大水桶不斷地掉下來，咚咚咚！逗笑了全班同學；也有人將plié跳成動作與動作間的連接，表現出連續順暢的符號，再配上輕柔的音樂，好似蒲公英隨風散開，那份輕柔令人陶醉。這樣的過程可以讓小朋友去思考要如何應用plié，沒有一直反覆的練習，也沒有一成不變的組合，可以用更靈活的方式學習一切。

我認為一個優秀的「藝術家」，除了要具備良好的專業能力外，還應有非凡的「自信心」，自信心來自真正的實力；十個練舞的人，有一半以上不會步上舞蹈家的職業，這些人最有可能成為未來進劇院欣賞舞蹈的觀眾，這些未來的觀眾在學習過程中已奠基包含技巧在內的種種舞蹈能力，也包含欣賞能力。他們的自信心來自自身對舞蹈的認知，不管孩子們長大是舞蹈家還是舞蹈觀眾，他們非凡的實力和自信心都是推動舞蹈藝術重要的起點。

和別人討論是學習過程重要的「參考書」，參照、了解他人的看法，很快就擁有更豐富的答案及思考來源，所以，時常交換表演，讓小朋友看看別人的表達方式，和自己有哪些相異處，也是舞蹈課裡重要的內容之一。那是應有的成長及樂趣，裡面沒有

刻意的框架，來限制想法的改變，只怕他們不動腦。而且，「交流」會讓孩子有開闊的胸懷及客觀參照的能力，「自信心」和「實力」就是如此慢慢累積而來的！

輪流跳舞

回憶起小時候，拉高耳朵聽鄰居小女孩彈鋼琴，每每到某個段落總是會出錯，彈不過去似的，幾乎每次都是相同的點。仔細一聽，會發現十之八九都是段落的連接處。「舞蹈」和「音樂」一樣，在段落的地方，很容易脫序，造成不順手的感覺。不管是舞蹈或音樂，想要完美表現，「流暢」是非常重要的部分，在段落處下點功夫練習，才能達到淋漓盡致的程度。

在舞蹈練習中，時常聽到舞蹈老師喊著：「接下去！快接下去！」看到小朋友遲遲無法連接，旁邊的人也跟著很緊張，結果接得手忙腳亂、丟三落四地。想要很從容、有把握、姿態美妙地跳好舞蹈， 除了天生反應佳外，大多是靠不斷地練習與琢磨。老師在安排課程上，應把這部分的訓練納入，而這麼重要的訓練，常常被夾雜在課程之間，很少提出來獨立上課。若是從小就

能知道它的重要性，慢慢地，自然會應用得好。擁有好的習慣，

讓唱歌時唱得順暢，感到悅耳，耳順心愉快；讓跳舞跳得流暢，

視覺感到舒暢，看的人也隨之舞動，陶醉其中！

　　循序著拍子將舞步銜接順暢，也會和別人連連看，連接再連

接,直到掌握其中訣竅為止;從最簡單而熟悉的「8拍」開始,
它是音樂裡的最基礎拍。請小朋友拍著雙手數:1、2、3、4、
5、6、7、8,既平均且確定的8拍,年紀較小的幼兒可能會習慣
性地數到十,因為那是正常的數數,所以要詳加教導說明,讓他
們明白這是拍數,不是數數,繼續練習到能正確地數到 8 拍為
止。然後,請大家圍成圓圈,或聚集在 一起做很簡單的動作,例
如:拍手、摸摸頭,或是小蹲、扭屁股等等皆可,只要是簡簡單
單的一個動作即可。第一個人跳完8拍,就輪到旁邊的人,一直

順勢輪流到每個人都跳過為止。例如：我拍拍手 8 拍，換成小雯雯拍拍手 8 拍，再換成小咪 8 拍，再來哲哲，一直連下去……，過程中可能有人出錯，無所謂，繼續輪流到大概無人出狀況為止；等到大家都輪完好幾圈了，再換動作，變成摸摸頭、轉肩膀，拍子不變，只是換動作及一直輪流連接，這時老師在旁控制場面及觀察，發現大家快煩了，就叮嚀換動作；如真的累了，就休息。在整個過程裡，要彼此注意拍子，不管多慌亂都得接下去，做到「連續接下去」、「不能斷掉」等要求。專心反應，中斷掉的人就得重來，不斷地重來，直到老師喊卡為止。過程中，誰都擔心自己是害群之馬，被大家 K，搞得大家有時驚聲尖叫，有時哈哈大笑，很好玩也很疲倦。因為專注驚慌才會很累，但專注是好事，也是所要要求的，若能把「驚慌」訓練成「沈著」，那就是更好的成長。繼續加油吧！

到現在為止只練習到「單一動作」，進一步做較複雜的變化，隨意跳出動作、不限形式，也不用固定在原地，可以到處流動，但不變的仍是「8 拍」輪流一次。原則上，仍是要正確地掌握拍子，還要強調「流動性」，不要侷限在同一位置。好像教室只有那麼大，機器人似地，無論跳什麼動作都可以。多督促流動

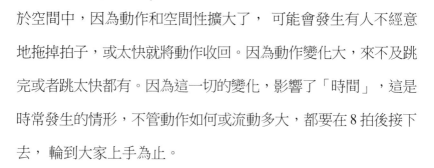

於空間中，因為動作和空間性擴大了，可能會發生有人不經意地拖掉拍子，或太快就將動作收回。因為動作變化大，來不及跳完或者跳太快都有。因為這一切的變化，影響了「時間」，這是時常發生的情形，不管動作如何或流動多大，都要在8拍後接下去，輪到大家上手為止。

經過這一切，最後仍要創作出一首舞來，讓大家聽著音樂，一樣是每8拍更換一個動作，直到音樂結束為止，練習過程可以在心中默默數著拍子，練習幾次就熟習了，即可不數，直接隨著音樂的段落，順著跳完。就好像彈鋼琴，遇到段落的連接還是得順下去，這就是功夫，好好地琢磨就會熟悉。「連下去！一直連下去」，就是這「8拍之舞」的重點，跳到順暢美妙為止。

我們要開始輪流表演，將學生分成兩組，當觀眾的好好欣賞，一樣等到結束後，再一起討論看看大家的流暢性如何？是否符合拍子更換動作？還是我行我素違反基本要求，不管他人。像這樣的訓練過程，總是會有人出錯的，不小心漏掉拍子或來不及、搶拍子都是無可厚非，但要進步就是要求，堅持之下還是可以達到很好的效果。

在表演時，若是小朋友出差錯，應訓練他們不動聲色、沈

著，自然地將動作順下去，以防觀眾感到突兀。其實觀眾並不曉得舞蹈的原始編作，無法對照查覺，舞者多會盡力表現如原始創作，但萬一出了差錯，就要具備「臨場反應」，讓破綻減到最低，這就是表演時應有的應變能力，老師在平時練習時就要教導小朋友，讓孩子們上了台就具備這樣的反應能力，才可省去上台時氣急敗壞地痛罵孩子們，搞得大家不愉快，留下不好的演出回憶。

呼拉圈

呼拉圈是「圓」的代表，在圓形的道具裡，它最適合孩子們。當用手和身體玩弄時，它會自然產生滑動，使身體隨之活動。因為它圓形的特色，輕輕鬆鬆帶動舞蹈，呼拉圈影響身體語彙，也是道具的入門。現在，就讓孩子們拿著呼拉圈，趕快來試試呼拉圈的奇特與奧妙吧！

一個人一個呼拉圈，任其肆意地玩耍、拋丟轉動，於玩樂中，自然會發掘這個道具的特性和各種可能。例如：呼拉圈可以於地上滑滾，也能讓身體穿過，並和身體一起擺動；也可拋向四

面八方，或往高處拋接，用呼拉圈來扭腰擺臀，都是令人愉快的事。

呼拉圈屬於較大型道具，對於孩童來說，它是最簡單的拋接道具，因它的體積大且輕又圓，很容易得手、且安全。別小看這樣的基礎道具，善用它會幫助將來於「中國舞蹈」裡，許多拋接動作的順暢。我們在拋接時需要「手腕」的柔軟度及力道控制，這些能力來自練習與感受力；面對較難的道具也需拋接動作時，有這樣的基礎，會讓孩子們順手而不慌張。

　　接下來，要開始放音樂，並拿著呼拉圈「即興跳舞」，大約
練習三次，就可以開始表演，而且分組為兩人一組。有時候各自
拿著呼拉圈跳舞，有時候可以和同伴互相拋接呼拉圈，或彼此交
叉、互繞圈圈皆可。這時候，如果有組別從頭到尾都忘了彼此合
作，老師要適時引導。可以運用樂器來區分，以產生不同的聲
音，提醒忘了互動的同學們。例如：拍鈴鼓時就一定要合在一起
做些什麼、搖鼓時就分開各自跳舞等等，如此協助、引導小朋
友，很快就會進入狀況，不再需要任何提醒，也會有默契地和同

伴保持互動。

　　個人和雙人合作的差別，就是為了感覺不同的拋接力道，與別人拋接時需隨時注意對方的力道，才可配合控制好，要輕要重都可以在幾次拋接後就知道。訓練自己與別人之間的配合，對於舞蹈非常重要，舞蹈時常要團體共舞，當然希望小朋友能從基礎就習慣注意周邊的互動了！

　　課堂上除了拋接的動作外，另外一個重要的就是「開始即興」。小朋友可能一下子不知如何「即興」，這時老師只要喊：「去吧！拿著呼拉圈快樂地跳舞吧！」然後音樂一放，小朋友就跟著跳了，若是有人呆住，就到他身邊跳著帶動他，不要一開始就解釋半天「即興」這個名詞，甚至都先不要說出口，因為小朋友年紀太小會聽不懂，真正道理還是等跳完後，有所體驗再解說，效果會更好。

　　經過這麼多課程的淬鍊後，小朋友大多能自在地跳舞了。讓孩子們使用道具跳舞，可以認識道具的特性及造就其效果，加上有機會與他人的合作，孩子們會很開心。要時常讓他們和別人跳舞，訓練合群、敏銳度及配合度，在類似的課程教育小朋友和他人合作的能力及重要性，對舞蹈和生活都有很大的幫助。

花園

　　最近去看大小舞展，發現大家喜歡加入影像做效果，從中與動作做變化，這種新趨勢，很新鮮也有趣，容易令人感到驚喜，尤其獨舞時，使畫面生動許多。如此以舞蹈為主、影像為輔來進行演出，特別是有種特殊的空間感。結合影像特殊奇妙的安排，是舞蹈藝術近年來的一種新潮流，但是否是舞蹈未來的主流，我不得而知，只能說又突破了一面創作的空間。創作的原點仍是自我表達，至於加上怎樣的輔助因素，都是為了添加、強調效果，無法真正改變舞蹈創作的本質。

　　對於平時上課，任何型態、想法，都可以嘗試應用在課程中，讓學生廣泛接觸。這堂課我們要利用幻燈片來構成花園般的背景，呈現百花齊放的樣子。在這樣的布景裡，會讓小朋友很快地了解主題，且帶來驚喜，也讓創作在對的氣氛下，輕易融入情緒，建築屬於自己的美麗花園。

　　把各類花朵的幻燈片放映出來，介紹給孩子們認識，並和大家討論，了解孩子對花卉的認識程度，以備補充；並且引導他們

將花朵的外形及感覺「語言化」述說出來，尤其是平時耳熟能詳的最好，而且不重複舉例，樣式越多越好。例如：「喇叭造型」的百合花、像「雞冠一樣凸出」的雞冠花、「嬌小美麗」的小雛菊、「大若圓球」的繡球花、會「攀附捲繞」的牽牛花、「高雅芬芳」的茉莉花、像「倒掛風鈴」的風鈴花、「狀似粉撲」的粉撲花……等，不勝枚舉。在這麼多花裡，邊說邊聽，默默在心中挑選出自己待會兒想練習的，先不說出來，等表演後再公布答案及討論。老師準備的資料越豐富，越能引發小朋友想像的依據。也在教育他們，創作前資料蒐集的重要性。「言教不如身教」，大人所做的每個步驟，孩子們都會耳濡目染，受到影響。

　　把這些花用語言形容出來，可以說得完整；但是要跳得出來及學得像，就需要一些過程，把腦袋裡的花影，不多想，是長的就拉長身體；是輕的就讓身體飄起來，是圓的就捲著身體。現在試著編首舞，當小朋友無法憑空想像各種花卉時，運用觀察力，想想剛才幻燈片裡花朵的形狀、姿態和感覺。風吹時，花兒會飛開且隨風飄逸；再試著感受花的感覺，好比桂花的香味，那股香郁令人心曠神怡。那梅花的美，如冰雪堅忍般的俊美，用形容詞產生動作，詞彙常是動作的來源，所以第一步要小朋友形容出

來，就直接幫助了動作的來源；形容詞不同，動作自然就會不同。例如：「高䠷的」花和「圓潤的」花，動作就差別很大囉！循著這樣的引導方式，小朋友很快就會將花園裡的花都跳出來了。

等到小朋友有以上的了解之後，就要開始製造現場的氣氛，將花朵的幻燈片稍稍映在白色牆面上，映出美麗的背景。整個牆

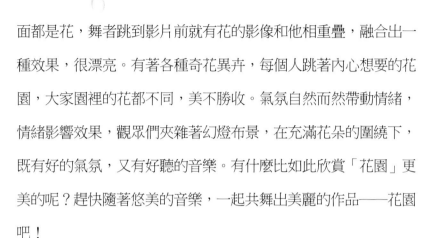

面都是花，舞者跳到影片前就有花的影像和他相重疊，融合出一種效果，很漂亮。有著各種奇花異卉，每個人跳著內心想要的花園，大家園裡的花都不同，美不勝收。氣氛自然而然帶動情緒，情緒影響效果，觀眾們夾雜著幻燈布景，在充滿花朵的圍繞下，既有好的氣氛，又有好聽的音樂。有什麼比如此欣賞「花園」更美的呢？趕快隨著悠美的音樂，一起共舞出美麗的作品——花園吧！

游泳

　　炎熱的夏天，是小朋友們泡在泳池裡最佳的時光，全身都沖得涼涼的，不再酷熱。「游泳」是夏日裡最暢快的休閒。當泳池裡占滿了孩子們時，那種夾雜著快樂、胡鬧和嘻笑的時光，令人難以忘懷。海邊也不寂寞，人們踩著沙灘、頂著大太陽、圍著泳圈和海浪嬉戲、歡笑，小朋友的童年彷彿映著藍天和美麗的回憶。這些描述都很具體，而且一說出來，馬上就引起小朋友的共鳴，因為是很真實的寫照。言語可以描述得這麼真實，繪畫也可以。藝術裡有所謂的「寫實主義」，我想大家並不陌生。舞蹈當

然也能表達得很寫實，把具體的行為直接跳出來，就是寫實的描述，所以，「游泳」這堂課，就是要教導「舞蹈寫實」的觀念，它很容易就能舞蹈出現實的情景。由於游泳的姿態沒人看不懂，而且它是大家熟悉又容易模仿的主題，不會抽象也非過於情感化的；而能夠把它跳得非常像，所以才叫做「寫實」。

　　大部分的人都喜歡在夏天游泳、玩水游泳的感覺，非常享受及快樂，而游泳本身就是一項活動及運動，它擁有各樣的肢體動作，只不過需要它舞蹈化。那麼既要跳舞又要寫實，有什麼重點呢？

　　第一，潛於水裡有水的浮力，我們並不在水裡，卻要跳出水的感覺。

　　第二，運動只有片段式的姿態，而舞蹈是連續的，它包含美感、情感和段落的處理，是種表達而非只有運動，這是最重要的差別，往這個方向慢慢地配著音樂，多練習幾遍就能跳得很切題。

　　還需要製造「游泳」的氣氛，那麼道具是不能少的啦！請準備各式各樣、奇形怪狀的游泳圈或泳具，藉助著這些泳具讓游泳的姿勢更多，豐富動作和活潑心情，提高小朋友的上課興致，可

以讓他們跳得更栩栩如生。

　　接下來，大家一起討論游泳時常發生的情況，例如：游泳時會怎麼游？如何玩耍？和別人一起戲水嗎？戲水的心情 High 不 High 呢？會不會嗆到水？是否很不舒服？和家人是去海邊游泳，還是游泳池？若是去海邊，就有陽光、沙灘和海浪，說不定還可看到可愛的小螃蟹從你腳邊橫過，你迫不極待想去追牠。有如夏日瘋狂的暑假，很快樂的喔！也有可能忽然下起雨來，大家又跑又笑地回到沖洗室；在游泳池游泳時，因為有教練教你游泳技巧，所以你會蛙式、自由式，還可憋氣和換氣，偶爾自己還發明個狗爬式，逗笑在一旁等待的爸媽，也可以狂玩滑水道，拼命地跳水……，這些都是游泳時經歷的各種回憶，把它們編入舞蹈裡，合著音樂練習後，再一起表演。像這樣的主題適合大家一起跳，不要獨舞或分組，因為海邊和泳池總是充滿了人，全部一起加入，就好像教室是個大泳池；也可以是海邊，充滿了人潮，有很多人在游泳，較像現場的氣氛，也會因為一起跳舞而互動出許多樂趣來。在過程中，看到他人的姿勢感覺和表達方式，就有可能帶動了你；也可能因為別人經過就容易受到影響？這時若是能即時懂得掌握反應，把「有意思的部分」學起來，同時還能不受

有錯誤的人牽連，這就是最好的互動學習了。

「游泳」還可以有幾種玩法，老師可看現場情況來變化。可以不只是「人在游泳」，也可以是海豚、熱帶魚、企鵝、烏龜或是大鯊魚在游泳。把自己擬動物化，插入舞蹈中，都是這堂課的主角。人和動物游泳的差別，在於許多不同的動作和姿勢，讓動作語彙更豐富，當然也會感到比較多的內容可發揮。

在炎炎暑假裡，用「游泳」這個主題，不忘強調的是舞蹈的寫實能力，而且非常動作化。當然，用舞蹈來述說實際情形，好像寫日記般地描述記載，是回憶也是寫實。只是日記用書寫的，而舞蹈用身體刻畫；日記裡擁有文字，舞蹈則是身體，但同樣都表達腦中印象的記實。

有時想想，如果人類沒有了文字和圖像，難道不再比手畫腳、擺動肢體嗎？跳舞本來就是人類與生俱來的本能，只因為有了文字和圖像後，就陌生了起來，這是很可惜的。我當然希望人們不再把舞蹈當「陌生人」，而是能夠快快找回時常被遺忘的「老朋友」。最後要備註的是——不只「游泳」可以舞蹈寫實，還有許多合適的主題。只是把「游泳」排為第一堂課，確實既輕鬆愉快又易入門。

經過這麼多堂課後，有一個教學重點是我想在此強調的：學習「作品的完整性」是很重要的。如何使作品完整呢？先不複雜的說，免得小朋友搞不清楚，簡單的說，就是一首舞除了要有內容，也要有「開始」和「結束」兩個重要部分，缺乏「開始」和「結束」，就不是完整的演出，會令看的人一頭霧水，難以進入狀況，當然可以安排各種方式來「開始」和「結束」。例如：在舞台中間開始或結束，那就需要有預備和結束動作，若想要利用出入場來做也應有流動動作，不可模模糊糊。有「開始」也有「結束」才算是完整的作品，這是一種基礎，平時我就不容許小朋友跳舞有頭無尾，或常常不預備好就跳出去了，通常會要他們重來，這是最基礎的要求，別跳了幾年的舞仍不知道，上了台還慌慌張張的，這是學習不完整的通病。相聲演員常說「下台一鞠躬」來代表結束，舞蹈也要有個結尾，觀眾才知道要拍手啊！

球

可曾仔細看過孩子們在拍球玩球的時候，看到「球」表現出來的動力嗎？它彈來又彈去時，我們看到了彈性，拍打的力量大

時連人都跳了起來，一反彈，想抓也抓不住。孩子們可以滾球、
踢球、頂球、打球，也可以拿球來投籃，這些都是玩球時的動
作。「球」的本身不會有動作力量，是人賦予它動力的，「人」
這時是動力的主導者，當人賦予各種球類動作時，球就會有所特
徵，把這些特徵動作記錄下來，儲存起來就可變成舞蹈動作的來
源。

　　發給每個人一顆有彈性的球，硬度不要太大，才能夠放心地
拍打、彈、玩、踢、滾，甚至於丟，不會發生太大的危險。明言

禁止小朋友丟到任何人。有時孩子們一玩起來，容易瘋狂脫序，老師要加以注意約束，才能免於傷害。若把同學當目標，誤以為在玩躲避球，就馬上停止。給小朋友一個重要觀念──習慣性地注意身邊的人，不能隨便碰撞他人及小心錯開；也別讓他人碰撞到你，小心別人也保護自己。

在跳舞的過程中，想想看自己在玩什麼球類？是足球、手球、籃球、網球，還是棒球？是否知道這些球類的玩法和動作特徵？「球」只是道具，你使用它來跳舞，把所有相關的動作都跳跳看。球在手中玩，邊玩邊跳舞，如何玩球又能跳舞，是上課的重點。首先要靠不斷地練習和想像力，讓手一拿起球，和身體一碰觸就能順著動作舞下去，順暢到彼此融合，這是不難的。所以，我們接下來要練習，「球」除了是一個道具，也是人體控制外在力量的重要媒介，在做動作的同時就反映出球的彈性和滑溜，再加上人和地心引力的關係，頓時手忙腳亂，當它彈起落下時，可體會出它大致的動線，仔細揣摩一下，在彈起與落下間能做什麼？或許能夠隨著彈起，再跟著落下後滾動。也可以想像自己是個鉗子，老是夾住球，或是把自己當成「球」，彈起又落下，滾了好幾圈後，順著「球」流動時的線條，隨之起舞、輕鬆

曼妙！

小朋友模仿「球」跳起時，有沒有注意到自己的彈性？是輕輕鬆鬆的？還是肩膀緊縮，瞬間無法放鬆？看看他們的膝蓋關節是不是彎曲自如，有如彈簧一般，若沒有，就趁機修正小朋友的跳躍習慣，使力正確才能如小皮球一般輕鬆彈起。雖然「球」是道具，但跳舞的過程中不一定要一直拿著球，可以視情況自由運用，有時把它擺著，跳一跳又拿著跳舞，不管拍它、玩它、踢它、滾在身上或時擺時拿，都可以成立，並非要有實際的碰觸才叫做「與球跳舞」。

每個小朋友的詮釋方式不同，任其發展，不要干涉太多。多利用時間看看他們藉由「球」表現出怎樣的想像力？可能有雨天裡滑倒的棒球員，還拼了老命想滑到壘；搶到球的籃球員被包抄的樣子；愛耍寶逗趣的足球員，用頭頂著球還能踢進分數……這麼厲害！年紀越大的小朋友想像內容就會較複雜豐滿，也對球類的認識較多，比較容易就達到效果。小一點的幼兒，只要他們拿著球，配著音樂快快樂樂地跳著舞，我就看得很高興，把該教的教一教，不會要求太多。

小朋友有時腦袋會塞車，您感覺到他們想像不出任何花招

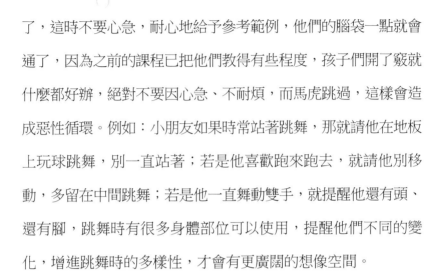

了，這時不要心急，耐心地給予參考範例，他們的腦袋一點就會通了，因為之前的課程已把他們教得有些程度，孩子們開了竅就什麼都好辦，絕對不要因心急、不耐煩，而馬虎跳過，這樣會造成惡性循環。例如：小朋友如果時常站著跳舞，那就請他在地板上玩球跳舞，別一直站著；若是他喜歡跑來跑去，就請他別移動，多留在中間跳舞；若是他一直舞動雙手，就提醒他還有頭、還有腳，跳舞時有很多身體部位可以使用，提醒他們不同的變化，增進跳舞時的多樣性，才會有更廣闊的想像空間。

這堂課時常讓我回憶起剛畢業時，不太會教跳舞，但卻必須以教舞為生，那時候不太知道自己要做什麼？業界的氣氛好像都是一股腦地想當舞者、名舞蹈家，但不去衡量這樣的理想適不適合自己？跟著大家以成為專業舞者自居，現在想想，那時真是自我膨脹過了頭，不知不覺地就淹沒了自己其他的優勢，更別說有能力思考如何教舞了。那時在上課時，學生跳舞，自己也會不自覺地跟著跳，好像總是怕學生跳不好似地。其實學生也沒有跳不好，就是淺薄不懂得給孩子們表現的空間，更不知了解他們才是重要的，所以那時和學生感覺有一層距離，只記得上課時的大致情形。不像現在和學生關係密切，非常了解他們，只要在我眼前

跳過舞的，大致可以了解個大概，更別說長年跟著我的學生。幾年後去了法國學習和自己成長了，才知道教學真是一門專業的學問，無法兼差似地摻和著，它需要思考研究，教材是其次，教法及觀念才最重要。有時我也很感慨，台灣有一半以上的舞蹈系畢業生以教學為生，說不定更多，但是卻不將舞蹈教學視為重要科目。在法國教學通常要證照的，但國內大部分的舞蹈老師好像都是以前老師怎麼教他，他就怎麼教學生；少數會自己思考研究教法，建立自己的教學風格。想想這也無從怪罪起，太少的資源及正確的培植，總是要遇到機會才能自己摸索出心得來。算是辛苦摸索，還是給予鼓勵！

下雨了

「淅瀝！淅瀝！嘩啦啦啦，下雨了！」悅耳的兒歌猶在耳邊，就已經進入雨中的情景。有人解釋「下雨天」是浪漫舒暢的，也有人說是悲傷淒美的，不論是怎樣的感覺，每個人都經歷過「下雨天」，個別滋味在心頭，不盡相同；但可以掌控的是自己的部分，是否準備為「下雨天」編著什麼樣的心情和故事？

　　準備一人一把傘，各式各樣都有，先讓這些雨傘繽紛地散落在教室裡，讓小朋友隨意地拿起傘轉一轉，想想看可以拿著它跳出什麼樣的舞蹈來？可以是個現象，也可以是個故事，更可以只是一種感覺。讓小朋友隨意盡情地跳，別限制他們，把對雨天的情愫表達出來，這時您會發現，有的小朋友連開傘的方式都不會。雖然我也覺得很不可思議，但是還是需要給時間熟悉一下雨傘開關的步驟，等順手了才可以操作，免得夾到手。而雨傘有大有小，應視學生的年齡來選擇，一切以操作方便為主。建議選擇

自動傘最為順手。

　　拿雨傘時要特別小心，有時因為高度的關係，容易戳到別人的眼睛，產生危險，教室的安危要隨時叮嚀規範，養成「好習慣」是最好的。前幾堂課提過有人經過身邊時，感覺到了就要注意。人和道具，永遠不碰觸、妨礙到他人，不管上任何課程都是如此叮嚀，幾次後小朋友就會變成一種習慣，也是最有效果的安危規範。

　　小小孩看到雨傘，只覺得好玩有如玩具。他們想到下雨天只想到玩水及開傘、關傘，沒有大孩子的心情複雜，這都是對雨天和雨傘的感覺，無關好壞對錯，然後請小朋友拿著雨傘隨意試試看，做幾個動作，還不提到下雨天，就只先試試拿著雨傘時的動作語彙，玩熟了再接下去討論雨天的情況，讓大家七嘴八舌地描述下雨天會發生的事情，例如：穿著雨鞋在路上玩水、轉動雨傘使水花旋起來、大雷雨時躲雨的情形、和同學共撐一把傘的趣味、在雨中苦等傷心或媽媽帶著傘來接你的感動與驚喜……等，都是下雨天難忘的記憶，五味雜陳，各種滋味都有，讓這些附有感情的敘述帶入舞中，使舞蹈編作起來富有各種感覺，才是美！

　　像如此有一點點故事性敘述情節的舞蹈方式，其實就是舞劇

訓練的一小部分，因為下雨天而有了插曲、有了故事，這都是舞蹈的小腳本，儘管大家沒有真的寫下來，只是用嘴巴討論敘述，也已是舞劇創作時的底稿了。

這堂課裡，雨傘是必備的道具，當然不必整首舞都用到雨傘，可以有各種可能發生的姿勢，撐傘與不撐傘、拿不拿傘都不重要，重要的是故事的構成及內容的表達。

接下來要開始輪流表演，表演完討論的重點是：「他的表演你喜歡嗎？」，傾聽小朋友欣賞的角度有何不同？小朋友為了哪個段落而著迷？或者失落？舞蹈中的雨影響了心情嗎？心情是感動的？還是興奮好玩？要求孩子們不能只有說「喜歡」和「不喜歡」兩個答案，要解釋出自己的感受。小朋友是可以訓練的，引導他們說出表演者和觀眾間的共鳴，表演的人很需要知道觀眾是怎麼看他的？才能從中了解後改進，台上台下因而有所共鳴。讓小朋友從這樣的角度去學習，「糾正」不見得是諄諄教誨，製造機會教育反而會更根深柢固的方式。

海底世界

我從小就非常喜歡海洋，海裡面的生物富有新奇幻麗的色彩，有動態的、有靜態的，甚至於現在想到海，心情就會非常地輕鬆愉快，但大家對「海」的感受不同。也有學生告訴我：「看到海就覺得很悲傷。」也有人感到茫茫無際的不安全感。小朋友大概都會很愉快，可能他們想到可以玩水、游泳去，就很興奮吧！青少年之後比較會有多愁善感的情況！

這麼多不同的感受，我們應該互相了解一下，讓彼此述說對「海」的感覺之後，用現實寫實的手法表達，想一想海裡面能說得出口的生物，例如：海藻、海葵、龍蝦、螃蟹、鯊魚、海豚、魚、鯨魚、章魚、海馬、蝦子、水母、海星、海獅……等，不勝枚舉，再想想牠們最為人熟悉的動作，該是如何？怎樣「漂浮」才像水母呢？如何「游動」才能一眼就看出是鯨魚？海草「飄動」的樣子是怎樣？章魚的形狀是不是應該誇張一點才能顯現出牠的「張牙舞爪」？海馬「捲曲」的可愛模樣也能透過肢體表達出來的……，這些都不是難事，只是身體的模仿力強不強、放不

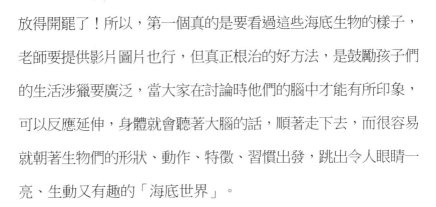

放得開罷了！所以，第一個真的是要看過這些海底生物的樣子，老師要提供影片圖片也行，但真正根治的好方法，是鼓勵孩子們的生活涉獵要廣泛，當大家在討論時他們的腦中才能有所印象，可以反應延伸，身體就會聽著大腦的話，順著走下去，而很容易就朝著生物們的形狀、動作、特徵、習慣出發，跳出令人眼睛一亮、生動又有趣的「海底世界」。

　　想要事半功倍，最好在討論的時候，引導小朋友說出一些形容詞和動詞來，例如：章魚有「八隻腳」——「張牙舞爪的」；

水母「輕飄飄的」——好像「沒骨頭般」的；蝦子先「捲起」才往外「彈出去」；海馬「捲曲又張開」為的是「移動」；鯨魚「噴著水」在海上「浮游」……等，每個用詞都代表著動作，引導身體往這些方向去舞動，這些是部分範例提示，還有更多更佳的詮釋，有了這樣說詞的引導，孩子們很容易就會表達出形形色色的海洋生物。

這次的教室就是海洋，在想像裡，大家都不再是人類，可能是哪尾調皮的熱帶魚，扭扭尾巴；也可能是噴著黑墨的烏賊……，有人更進一步地說：「他的海底世界巧遇颱風，所以海水波動很大，大家都驚惶失措！」也有人說：「大船翻覆，魚兒好奇地在船間游來穿去地，好不驚奇！」我也期待這樣的豐富度，但我們得開始配合音樂來練習，邊練習、邊思考，把腦中的想像情景都跳出來，而且練熟它。在練習的時候臨時想到什麼可以不斷地加進去，中斷音樂都沒關係，但是正式表演時，可就無法如此囉！要毫無破綻才行。我們從表演才知道大家跳了什麼，海底世界裡的生物發生了什麼有趣的現象？都得等表演之後才知道。

表演時有什麼不小心都應順勢反應過去，讓表演保持住最完美的成果。雖然給觀眾享受的是一份共鳴，而非「步步珠璣」的

舞蹈內容，但表演者沒有這樣自身的要求是不行的。臨場反應不能不具備，因為沒人希望看到舞台上慌張而不知所措的舞者，搞得大家在台下尷尬不安。

藏寶圖

在前面的單元，有了關於「時間」的課程，例如：「輪流跳舞」，時間和空間都是舞蹈的元素之一，其他的基本元素還有動作和情感，之後會再利用課程、遊戲來逐漸認識。這次我們設計關於「空間」的課程，來初步了解這個舞蹈的必備元素之一。

在創作課程的過程中，最樂意見到的是：「達到效果」，所以我經常抽絲剝繭地將原理分類再加以變化，勝過原有的基本構造、原理和想法。這堂有關「空間變化」的基礎課程，運用藏寶遊戲來發展，就如同藏了寶藏的地圖一般，有趣而曲折離奇，好像真的在玩尋寶遊戲般。首先，教室就是藏寶地，請大家依這個地點畫下一張藏寶圖，再依圖去尋寶。

發給每人一張白紙和粗的彩色筆，請大家畫出自己想像的藏寶地圖，每個人都不一樣。圖裡面一定要有「出發點」及「寶藏

處」。出發點人人不同，有人從家裡出發，就畫一個房子；有人是學校、公園或教室都可以，只是圖案不同而已！圖案落在教室不同的角落，只要將位置明顯顯示即可，至於過程路線要怎麼走、怎麼繞，全憑想像畫在圖畫紙上。在教室設定一個出發點，你認為那是你的家，代表著出發點，從它開始，高興怎麼畫就怎麼畫，最後的終點是藏寶地。例如：可以出發後轉好幾個圈圈再直走，彎來彎去又得鑽洞，有的甚至要爬山涉水才能到達藏寶地。藏寶地用某個符號代替，例如：金元寶、百寶箱或簡單一個蝴蝶結也行，用簡單的圖示就好，免得小朋友為了畫個百寶箱花掉了大半堂課。老師要記得控制時間，將這一切的過程都絲毫不漏地畫在圖畫紙上，成為一張個人的藏寶圖（如下頁圖）。

有了「藏寶圖」之後，我們就得實際試試如何抵達？按照所畫的藏寶圖在教室裡走走繞繞，順著圖裡的路線練習之後，把它背下來。自己所畫的藏寶路線要很熟悉，才能開始加入舞蹈動作，不再只是「繞、走」。我們要跳著舞去尋寶，順著路線跳起舞來。這整個路線就是跳舞的隊形，隊形的排練利用這種方式來形成，是遊戲也是學習；最好熟悉到不看圖也能記住所有的路線，輕鬆自如地跳著舞，累了就休息，有力氣了再繼續下半場。

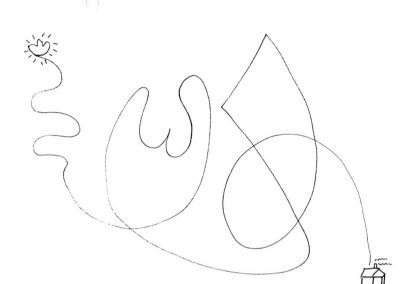

　　現在開始快樂的去尋寶，放著音樂，循著自己設計的圖，跳著舞尋寶，而不是「走著」散步地去尋寶。 開始將遊戲和舞蹈結合，當孩子們跳著舞、照著圖去尋寶時，早已默默規劃出屬於自己的舞蹈隊形。「藏寶圖」是這個課程的題目，真正的內容在於引導小朋友從遊戲中設計出屬於自己的隊形，這可能是他們第一個發明的舞蹈隊形，和著音樂旋律多多練習，到最後把成果與大家分享、輪流表演給同學看。這時老師可以將大家的藏寶圖發給每一個人看，讓彼此對照表演內容和藏寶圖是否相吻合？還是跳的一點都不是圖中的路線，那就是有人亂跳囉！老師可請他重

新練習，再跳一次。千萬別敷衍了事！如果表演的和藏寶圖很相近，大家就給他拍拍手，鼓勵歡呼他順利得到寶藏，並且請一起起身跳舞祝賀，欣喜若狂地跳著，好像都中獎了一樣，這種氣氛會讓小朋友非常興奮快樂。

這是一堂非常好玩的課程，遊戲化但又不失舞蹈訓練的範疇，是訓練「空間」的第一個起步，讓小朋友認識「空間」是充滿變化且無限想像的。它不是只有直線、彎線或單一的線條，而是可以事先安排而設計的完整隊形，把安排好的隊形套入舞蹈，就是編舞的雛型之一。在練習中呈現空間畫面，就可以創造出很多感覺和效果來，而不再是制式地排排隊、做做樣子，很單調乏味的上課方式。所以，每次上這個課程，小朋友的狂笑聲都令我感到活力滿載，他們天真地好像真的尋到寶一樣。那種快樂就是一種滿足，就是孩子們小小的成就感。而我要強調的是：好好認識這類的課程設計模式來增加對「空間」的認識，是既生動又活潑的。

三個夢

　　我最喜歡在幼兒班上這堂課，看著每張粉嫩的小臉，貼著柔軟的枕頭，表達著有趣的想像力，就好似天堂般的感覺、天使的聚集。

　　這堂課的主要道具是「枕頭」，發給學生每人一個枕頭。「枕頭」代表每個段落的起點和結束，總共有三個夢，也就是睡覺時作了三個不同的夢，可能有驚恐的、飄然的，也可能都是快樂的夢。把這些夢的內容跳出來，讓大家知道夢中是怎樣的情景？然後，隨著輕柔的旋律，將臉貼在枕頭上，順應著自己的想像開始跳著第一個夢的情景：那是大象飛上天了？還是蝴蝶翱翔於回音谷裡？不管是什麼，第一個夢跳完後，馬上輕輕巧巧地回到枕頭上，等待第二個夢境；最後又回到枕頭上當成是段落，才能適切地將不同的夢中情景區別出來。

　　「枕頭」是夢的開始，也是結束的句點。要學生們作每個夢由枕頭來開端，表現睡覺的樣子；當夢結束時，仍回來枕著枕頭睡覺表示結束，如此反反覆覆三次，便共有三小段舞，亦即「三

個夢」，夢中的內容由孩子們自己發揮：夢到自己在跳舞、夢到別人變成魔鬼、夢到自己一直地飛……，都可以，不一而足，有許多不同的夢境在教室開始鋪陳展開。

這堂課的重點在編作者的陳述是否與表演相符。一開始請大家輪流表演前，先引述每個人在三個夢裡的大概內容，有如同節目單一樣，讓大家可以先了解參詳，讓觀眾可以有所對照，以分析表演者詮釋的能力。等表演都結束後，大家再共同討論， 討論表演和事先的介紹是否有太大的出入？上這堂課時，曾經發生過有趣的情形：有個小朋友約小學三、四年級，他的描述能力很強，把自己的三個夢說得像天方夜譚一般，用口語說得驚天動地，但實際表演時，卻跳得與描述時大相逕庭。我聽著聽著，不得不佩服小朋友編故事的功力，但是真的要跳出來時，他就沒辦法完全轉化為肢體的呈現。看出他的弱點之後，我將他所描述的部分用「偏動作化」的字眼讓他較易表現，並稍作示範，使小朋友了解到，跳舞和說話一樣，腦中想什麼就跳什麼，只是習慣的問題。講話用嘴巴、跳舞用肢體，一樣可以表達得盡意。為什麼說話可以直接說，不會去想怎麼說！跳舞也是直接跳，如果還要想如何跳，那是顧忌、受限的錯誤觀念。認為跳舞一定要有技

巧、要有特定的舞蹈動作，舞蹈也可以就是一種表達，不受限於任何形式。

動物園

　　「動物園」和「海底世界」的教學方式大致雷同，唯一不同處，在於環境和動物不同。「海底世界」的生物是生活在海裡，善於游泳，因此表演時會時常用到手、腳的擺動；而「動物園」的動物則生活在陸地上，所以用四肢或整個身體來活動，例如：走動、爬行、跳躍、奔跑、伸縮，都是陸地生物的基本特色，我們總認為每個人都去過動物園，但令人驚訝的是：卻有小朋友告訴我：「我沒有去過動物園。」，這時的我，趕快拿出動物圖鑑來一一介紹他們所想認識的動物們，只要他說得出名字的，我都拿得出圖來，並鼓勵他們一一說出所有認識的動物名稱，且試著描述這些動物的特徵。例如：大部分的動物都是以四隻腳走路的，可是牠們有不同的特徵，在哪裡呢？該如何分辨才能讓人一眼就看出這是大象、是獅子、是長頸鹿，還是袋鼠？

　　所有動物的慣有動作特徵和習慣都是有跡可循的，連動物的

聲音特徵也是重點，例如：貓的喵喵聲、狗的犬吠聲、牛的哞哞聲、青蛙呱呱呱……等，都可以用來增添表演的色彩。

在整個練習過程裡，你可以發現小朋友熱愛動物的熱情，動物真是人類最好的朋友。小朋友隨著寵愛動物的心情會熱烈練習，趁勢提醒小朋友要跳得很像，小白兔和長頸鹿才會喜歡你喔！雖然是開玩笑的，但還是要他們用心去尋找動物的差異性，例如：獅子和老虎有什麼不一樣？試著讓他們說出其差異性，也能跳得出來。有人說：「獅子較愛睡覺，常有蒼蠅繞著牠的頭飛；老虎是隻大貓，牠很喜歡露出牠的爪子來」……，很相似的動物也會有不大一樣的特色，更進一步去找出細微的差異點，否則大部分動物都是四隻腳走路，那可怎麼辦才好呢！

開始照上述所說的樣子跳舞練習，之後也輪流表演互相觀摩，請多看看別人和自己表演的動物有何不同？經過不斷地觀摩對照後，會發現，其實用肢體來表達各類動物，並不是一件很容易的事，因為爬行的動作非常多，又適時地要「撲」、「吼」、「奔」，對身體能力是個訓練也是個挑戰。但動物園實在是太親切的主題，很容易就尋獲靈感和歡喜，小朋友更不會去排斥努力各種想像。人不管做任何事都因為有一些樂趣，就更能吸引出興

致及突破所能來完成作品。對我來說，給教室歡樂等同是直接取得教學效果，是最佳的捷徑。

「動物園」是我愛上的課程之一，學生很自然就從回憶裡接收不完的訊息，進而帶動自己的肢體動作，如果再經過思考改善，來加強修正自己的表演。經由不斷的觀摩來累積心得感想、融入表達之中，會勝過不斷反覆操練的課程效果。

風

自然界的無形常是創作者表達抽象的最佳形容詞，「感覺」是無形的，需要有媒介來形化它。例如：語言，說出我們的感受，才知道風的感覺！而風的感覺是什麼？需要道具來形化它。什麼道具最能表現「風」呢？不多！「布」是其中一種。為了上這堂課，我到布工廠去把人家要丟掉的樣品通通要回來，讓小朋友發揮個夠，不需要東買西買道具，廢物利用最有利於地球及個人，也教育了小朋友善用資源。

拿著布開始奔跑即可看出風的動態。當布飄啊飄的，就看到風的身影。但我們不能只是一直跑，那會浪費時間的！繼續拿著

布不管什麼姿勢都可以：大跳啦！前滾滾、後滾滾都行，反正就是盡情地耍寶跳舞，感覺布因為移動而有風的影子。它吹過耳邊很涼快，好像在跟你搔癢一樣，快樂得很；也可以把布丟出去，看它在空中飄揚的樣子。當小朋友專注在他們的布與風時，我輕輕地放下音樂，讓孩子們盡情舞動玩樂。當然，我們不能一直玩，要進入課程的步驟先請大家安靜一下，想一想，風有哪幾種強度？有時是輕輕吹來一陣「微風」，令人心曠神怡；遇到天氣不好時，你撐著傘都被「強風」給吹開了；「颱風」來時，連招牌屋頂都掀了；更別說是美國的「龍捲風」了。再拿起布來，想像這些不同的風速，用你全身的力量表現出來。手中的布會因為身體的使力而飄出不同的速度線條。如果能搭配一段節奏會越變越強的音樂，那會更精采，心情起伏也隨之而來。讓學生順著節奏揮舞著布，由微風→強風→颱風→龍捲風一路跳下來，身體、布和風，剎那間融為一體，簡直分不出是風還是動作在飄動了。

若是音樂搭配得好，心臟的脈動順著音樂而激發，不同的節奏鼓動風之強弱。看著孩子們跳完個個虛脫的喊著：「不行了！不行了！」我才知道那份激烈，會讓身體產生很大的動能，咆哮直到全身虛脫，累壞的孩子們個個向我要水喝，我親切地讓他們

喝水休息，也要他們慢慢喘息後，說出剛剛經歷的一切，他們很可愛地直喊著：「到後來手好像不是自己的，哈哈！」我也感覺到那份威力，頓覺得有趣又心疼孩子們太累就想作罷，想改上別的課，沒想到某個學生跟我說：「老師！待會兒再跳一次！」我說：「你不累嗎？」別人居然也附和說：「不累！好好玩！」我說：「好啊！那就再跳吧！」果然大家不怕累、快快樂樂地多跳了好幾次，沒看過這麼愛跳舞的學生，害得我都無法準時下課，而下一班的學生已經在門口盯著我，我得趕快結束以免誤了下一班的進度，趕緊互道再見，拜拜！小朋友們！下週見囉！

說故事跳舞

用故事來跳舞，已不是什麼希罕的事了，早在芭蕾舞的發展史裡它就存在。

芭蕾的歷史可分為浪漫和古典時期，近代才發展出現代芭蕾，在浪漫和古典芭蕾時期的舞幾乎都以舞劇方式呈現，由劇作家編寫劇本，寫下許多纏綿悱惻的男女愛情故事，浪漫淒美、扣人心弦，這些感人肺腑的故事之所以流傳至今，都是劇作家和編

舞家賦予動人的情愫，讓觀眾在欣賞舞劇的那個夜裡，意猶未盡地帶著芭蕾舞曼妙動人的情節入夢。

　　今天我們也試著來編故事，邊說故事邊跳舞。雖然編故事是劇作家的看家本領，但我們也可以試著達成，無需書寫下來，只需將你的故事用口語描述出來即可。另外，故事的長短並不重要，主要在於故事的完整性：有開始有結束和中間的劇情，馬上來輪流敘述每個人所編的故事。

在述說所編的故事時，就要開始思考如何將故事表達、跳出來！配著旋律將腦中劇情轉化為肢體的表現，或許有時要停下來想想，也可以考慮用同學成為自己故事中的配角或假扮道具！當場就可指定協調，任由同學發揮，不用排導他的動作語彙，只要他們了解自己所要演出的角色即可。例如：三隻小豬是個家喻戶曉的童話故事，故事裡的大野狼是個主要配角，角色鮮明，容易表現，牠代表著大惡，所有人都聞之喪膽。演大野狼的同學，依循著這樣的方向，應該也不難表現，只要動腦想著大野狼兇狠的樣子，開始舞著身體，大野狼的動作跟著就跳了起來，小豬們也跟著恐懼起來。故事若說得好，可以輕易達到舞蹈效果，因為人們習慣用語言表達。但是跳舞要全然跳的好也不是難事，只因人們不習慣用肢體表達，是表達慣性的問題。試著想想，如果有一天不能言語了，只能比手畫腳時，沒有人不在跳舞，只是表達工具的差異，無關乎語言抑或肢體了。

　　有的小朋友會將故事描述的很完整，但真正跳舞時，卻跳得不完整。沒關係！既謂「小朋友」，就是要學習，此時大人只要好好引導調教，為能將主題表達完整，多玩幾個角色也無妨，反正收穫通常都是在不斷地體驗中得到最多、也最豐富。

「取悅觀眾」

有一次上課，學生們輪流表演所編的作品，因為過度無趣，我看到都快睡著了！所以決定好好教育這群小蘿蔔頭。表演的人為何表演？為誰表演？難道只為了自己跳得高興嗎？還是茫茫然的，根本不知為何表演？我反問學生們：「如果表演的時候，觀眾都快睡著了，你有什麼感覺？」就因為這樣，我把小朋友臭罵一頓，原因是他們根本邊跳邊混，不知道自己在跳什麼。就如同聽別人說話一樣，不知所云時，會想趕快結束不要再聽！那麼你想，還會有人想看你跳舞嗎？不要誤以為舞跳完就好，這是不夠的。小朋友一臉驚愕地看著我，然後開始動腦想著我的問話。我重申重要的不是「無不無聊、睡不睡著」，而是「舞蹈裡要呈現的是什麼？給觀眾什麼感受？」只是面對小朋友我無法說得這麼深，只能先以「無不無聊、睡不睡著」來強調。

在舞蹈教育的過程裡，要給予孩子們正確而全面性的觀念，不只是在技巧動作上的，還有許多本就該認知的觀念：灌輸好的、對的觀念，就會直接增強舞蹈的程度。因此，在課堂上，我

常半開玩笑地告訴小朋友：「盡情地表現你自己，想想辦法『取悅』我，看看你的演出有沒有趣？我就是觀眾，你的舞蹈不好看也看不懂時，我不會浪費時間看下去的。」這就是現實！雖然大部分的舞蹈演出都有國家社會的補助，並不全部依賴票房，但創作的意義難道只為了補助款嗎？表演者帶給觀眾什麼才能繼續吸引他們留在劇院，視看表演為生活中重要的部分？就如同老人家每天要聽戲、看歌仔戲一樣！表演者面對的對象永遠是「觀眾」。在學習表演的過程中，就應該要存在有觀眾的思慮，表演者若完全無視於觀眾的存在，那表演給誰看呢？台上台下藉由舞

蹈的呈現，引發互動，表演者將要傳遞的種種表達出來，令觀眾接收到、產生共鳴，才能達到演出的價值，否則就失去表演的意義，也別說是多好的演出了。

表演過程除了表現自己之外，確實要多一些心思考慮到觀看者的感受，在創作的過程中多停下來想想：自己的演出是否能讓觀眾領會到自己的用意？還是這樣的方式太單薄他們無法感受呢？有時編舞家只是一個點子，並沒有深入及延續更多，我覺得這樣的創作很難吸引觀眾再進入劇院觀賞其演出。現在的觀眾可不是笨蛋，任藝術家予取予求；藝術家是否真的是自我的，我不予置評，我只認為，該堅持好的、對的部分，這與基礎的觀念有關。學藝術的人也不一定是「跩」的，他們也可以是認識世俗而有所想法的人，形形色色的風格都存在，這樣的藝術圈不是比較多彩多姿嗎？

就算表演者覺得演出是創作者抒發表達的管道，無需預設觀看者的觀點，但不可諱言的：仍要「心中有觀眾」，才能架構出互動的表演價值。就如同人說話時，一定希望別人能聽得懂自己在說什麼，知道所要表達的想法，也能了解別人的看法。人與人的交談是如此、藝術的溝通更是如此。當然也有編舞家認為，觀

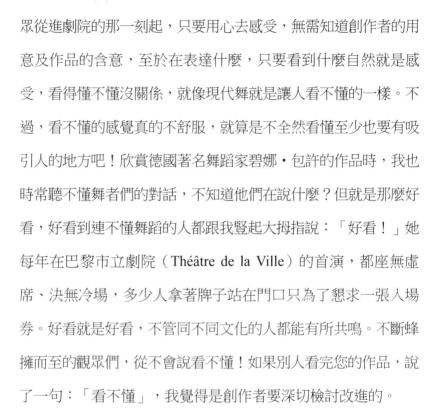

眾從進劇院的那一刻起，只要用心去感受，無需知道創作者的用意及作品的含意，至於在表達什麼，只要看到什麼自然就是感受，看得懂不懂沒關係，就像現代舞就是讓人看不懂的一樣。不過，看不懂的感覺真的不舒服，就算是不全然看懂至少也要有吸引人的地方吧！欣賞德國著名舞蹈家碧娜‧包許的作品時，我也時常聽不懂舞者們的對話，不知道他們在說什麼？但就是那麼好看，好看到連不懂舞蹈的人都跟我豎起大拇指說：「好看！」她每年在巴黎市立劇院（Théâtre de la Ville）的首演，都座無虛席、決無冷場，多少人拿著牌子站在門口只為了懇求一張入場券。好看就是好看，不管同不同文化的人都能有所共鳴。不斷蜂擁而至的觀眾們，從不會說看不懂！如果別人看完您的作品，說了一句：「看不懂」，我覺得是創作者要深切檢討改進的。

我以為一切都要從教育著手，不論是表演者或是觀眾都得具備應有的水準，尤其是表演者更應有責任去注重這類問題，否則，萬一哪天進劇院看舞蹈的人口越來越少，那可怎麼辦呢？觀眾的重要性是表演藝術存在的基礎，從小跟著我學習的小朋友，也會因此影響到生活態度和性格的發展，這樣的提醒讓小朋友學習重視別人，同時也教育了他們寬廣的舞蹈觀念。

Chapter 3

長大囉!

速度的變化

　　每天早上媽媽總要督促你「趕快！趕快，快一點！要上學了」，可是你怎麼也快不了，因為你還想睡覺；要不就是吃飯時提醒你：「吃飯慢一點，別噎著了！」；或者常聽到人喊：「別動！有隻蚊子在叮你的臉」，趕火車時，則是：「快！衝！直奔火車站，否則趕不上火車，你又要等很久才有下班車。」這些耳熟能詳的話語，全都夾著速度的助詞，幾乎天天緊跟著我們，讓我們隨之行動。

　　人們稱時間的快慢為「速度」，只要有快就有慢，這是「時間速度」。更有趣的是：不管我們的身體動與不動，仍有時間存在，即使靜止動作，依然流著時間、不斷邁進。時間無色、無臭、無形地籠罩在人類的行動上，如魅影般跟隨著萬物。舞蹈將「時間」列為基本元素之一，不管身體在什麼狀況下都要計算時間，它對舞蹈非常重要，所有學跳舞的人，都應該知道如何應用時間，進而掌握它。

　　如何訓練「時間速度」？今天設計的內容先將動作的速度分

成「極快、快、靜止、慢、極慢」等五種，單純地只用走路來進行，從極快、超級快到快、靜止，然後慢慢地走、非常緩慢地走到幾乎要停止，再回到極快重頭來！這樣的過程會有趣地讓身體應用到速度的變化，時間造成的身體動態，易讓小朋友興奮好玩，好似玩遊戲般，使他們笑成一團，因為速度的快感讓他們想瘋狂胡鬧。為此要教育他們既小心自己也注意別人，不管速度快慢都得留份心，不要撞到任何人。欣慰的是：孩子們有了觀念，他們明瞭大人的要求，會真的注意，所以在我的教室裡很少發生此類狀況。

接下來，我們開始跳舞。規定舞蹈裡要有這五種不同的速度，它是今天的主題，不只用走的、可以開始跳舞，並且舞蹈動作不限，只需速度鮮明，就是「極快、快、靜止、慢、極慢」，可以不照順序、可以重複，但絕不能漏掉任何一種。沒有遵守規定者，請加強練習，直到符合正確速度才能合格。

在孩子們練習完這五種速度的變化後，來首「背景音樂」，節奏性不要太強烈，以免影響速度的選擇。音樂只為營造氣氛，讓練習過程有旋律相伴，以免無聊。配著音樂將練習的「五種速度」給跳出來，作品就是要表現出五種不同的速度，而且流暢無

礙。配上音樂，它就是一首舞，還要多樣多變的動作才算合格。如果看到有人從頭到尾動作都差不多，要加以引導讓他改善。

　　我喜歡和孩子們的關係是有要求也有鼓勵。小朋友天生就不會、也不懂很多事，這本就非罪過，只是大人們喜歡把他們不是當天才看，就是當無能。其實都不對，不管如何，孩子們要學習才會成長，這是必經過程。大人心態要正確，多講解幾次，把問題解決，讓他們有機會多試試看、跳跳看，不斷地經歷將疑惑解除，不要帶著疑惑離開課堂，因為「不確定」是產生「無自信」的因素，它會累積到性格上，長大後難以糾正及影響到好的發展，若能當下直接糾正要求，才是最沒有後疑症的！如果班級人數過多，較難達到好的狀況，因為時間常不夠用，很容易草草結束、囫圇吞棗，若對自己的教學想有所堅持，應要重視到這些影響教學的重要環節。

　　其實在即興的過程，大部分學生會不自覺地順著音樂、順著慣性動作跳。但好好觀察會發現，很多技巧動作的形成，都脫離人的慣性動作，因為非慣性動作，會自然地使用到身體不常使用的部分，包含肌肉、筋骨與關節。因此，在即興、自由跳舞的時候，更要知道要求學生更換慣性動作，讓他們可以訓練不同的肢

體能力，並非只有那些動作表達其內容，只因習慣了順手順腳地就跳出來了，但我們要發展更多、要求更強的肢體語彙，才可能構成更棒的身體技巧；雖是在創作的實驗中，也可對身體能力做更好的要求，讓它也是技巧能力的構成之一。

從音樂談起

　　小時候在學校裡，老師帶著大家唱歌跳舞總是很快樂；長大後，聽聽音樂或和朋友跳跳舞、唱唱歌，已是休閒生活的一部

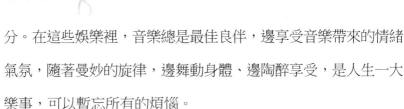

分。在這些娛樂裡，音樂總是最佳良伴，邊享受音樂帶來的情緒氣氛，隨著曼妙的旋律，邊舞動身體、邊陶醉享受，是人生一大樂事，可以暫忘所有的煩惱。

但在舞蹈教室裡，邊跳舞還邊數拍子，通常是師生的共同習慣，耳朵的接收常是拍子聲蓋過音樂的旋律，腦子、心裡充滿著數數，生怕錯過節拍，而忘了真正重要的是「音樂」，不知融合於旋律間，音符和舞步的結合也較為頓挫、不順暢，真的仔細分析；其實「節拍」是旋律的架子，並非主要角色；而「旋律」才是真正要聽的。真正的聽音樂，去捕捉它的美妙，它用音符組成旋律，帶動人們舞動肢體，心情會隨音樂起伏，因它的淒美而感動、因它的跳躍而雀躍。音樂是為舞蹈提味的味精，沒有它的配襯，還難以顯現舞蹈的表達境界呢！有許多編舞家苦惱於舞者的音樂性太差，最大的原因出在跳舞時數拍子。

音樂的運用是可以檢討改進的，無需急於拍拍數出，更何況，有些拍子是無法數出，只能感受聽之，才不會真的漏掉。真的經過數拍的，通常跳出來都較音樂慢，也會阻塞僵硬。學習過程最好是多留一點空間讓大家聽音樂而非聽拍子。我通常不主動數拍子，如果連續好幾次小朋友都錯在相同處，就會暫停一下，

讓大家搞清楚後，再重新開始，你會發現，經過幾次的糾正，他們進步快速，而且音樂性極為活潑順暢，不會僵化不順。

記得小時候上芭蕾舞課時，老師用的是音樂錄音帶，是錄了又錄的音樂。那時候芭蕾基礎音樂較少，大家都互相 Copy 再 Copy 的老帶子。那個時代的台灣，經濟才剛起飛，西方舞蹈也剛盛行不久，有錄音帶可聽已經不錯；現在科技這麼進步，若你還放著老舊的錄音帶，就說不過去了，因為音樂的屬性不去改變，就容易上一成不變的基礎動作。

時代確實進步了，取得的管道也便利很多，有許多效果更好的工具方便老師們，這只是資訊收集的問題。若你渾然不知，就代表著教學的音樂品質並沒有太大改變，應隨著高科技改變你的音樂環境。從CD、網路、MP3、Windows XP、隨身碟等產品的出產，應還會有更炫、更便利的科技產品出現。社會已經進步到無遠弗屆，國與國間不再有距離，只要你啟動電腦一上網，馬上可以擁有巴黎歌劇院成套的芭蕾舞基礎音樂，最棒的歐洲鋼琴伴奏老師，還為你編輯出各種程度質感的訓練課程；法國、東京、美國……，什麼資訊都輕易地擺在眼前，不再是商業機密，隨手可得。

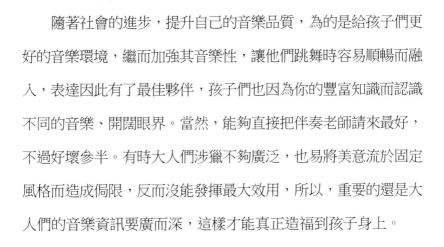

隨著社會的進步，提升自己的音樂品質，為的是給孩子們更好的音樂環境，繼而加強其音樂性，讓他們跳舞時容易順暢而融入，表達因此有了最佳夥伴，孩子們也因為你的豐富知識而認識不同的音樂、開闊眼界。當然，能夠直接把伴奏老師請來最好，不過好壞參半。有時大人們涉獵不夠廣泛，也易將美意流於固定風格而造成侷限，反而沒能發揮最大效用，所以，重要的還是大人們的音樂資訊要廣而深，這樣才能真正造福到孩子身上。

站著跳舞，NO！

人類除了睡在床上以外，其餘的姿勢幾乎都與地平面垂直，有關於空間水平的問題，很少正面被談起，所以，設計這個課程實地體驗，讓學生有機會執行這方面的獨立練習。方式並不難，只有一個規定：就是當小朋友跳舞時，不管在什麼狀況下，無論如何，都不准「站著跳舞」，只可以坐著、蹲著、跪著、躺著，甚至趴著，但就是不能站著，因為每天站著，早已習慣於水平較高處活動，這是人類的正常姿勢。而這個課程就是為了強迫身體突破慣性活動，呈現非慣性的動作，就算自己處於非慣性動作

下，也能發展出多元的肢體語彙，進而體會舞蹈不只是站著跳，也可以處在不同的水平空間悠遊自在。

　　放著音樂，嘗試所有低於「站著」的水平高度跳舞，多試幾回，剛開始會覺得被限制住了，不太舒服，但盡力在有限之中尋找可能性，突破挑戰新的創意，這才是學習創作最好的出發點。此時，小朋友可能非常累，因為脫離習慣是非常吃力的事情，可以適度地讓大家休息一會兒，聚在一起說說彼此的感受，例如：不正常的高度下會妨礙到你嗎？還是樂在其中，覺得尋覓不同的體驗很好玩？如果它嚴重地干擾你，那你如何突破呢？當然每個

人的感受不同，但相異性是絕對容許存在的，要鼓勵的是「勇敢、踴躍發言」，學習說出感受想法，與他人交流討論，彼此分享、比較、學習，這是課程裡很珍貴的部分，不要認為沒有跳舞就不重要，說與傾聽別人的想法，也是默默進步的泉源。

下一步，我們可以二至三人一組，分組表演，不要獨舞表現，因為可以讓觀眾比較對照，一群人相同的地板動作有什麼不同的可能性。若是獨舞表演就無法互相比照了。這堂課和「藏寶圖」一樣，都屬於空間上的基礎訓練，慢慢地，學生會了解，舞蹈的構成確實不只是動作本身，還包含時間、空間和情感，所以，課程的設計若永遠只針對動作部分，那只學到舞蹈的三分

之一，而非全面性的概念，因為，就連動作本身也是充滿空間、時間的。例如：一隻手伸出去和縮進來，在伸縮之間，它有來回的空間時間。當身體彎曲和伸展，每次的彎、開，都有上下開關的空間。任何一個隨性的動作都有空間上的變化延展，而引發對空間的想像應用，其中包含的不只真正的「空間」，也包含肢體上、想像上，還有內容上，所有的空間定義，都使人實驗再體驗。當身處這樣的課程時，會邊跳邊體驗，同時發現所有，將是最棒的舞蹈經驗；封藏在內心，未來時時刻刻都有應用到的機會。

　　有時候看著學生練習，我淡淡地問他們，「嘗試是困難的嗎？」，他們對我微笑著說：「不會啊！」。不過，我想對初學者——有可能是，因為陌生而在意，心念在意那它就是難的，若是老師的教法可以化困難於無形，使其自然應對而順勢操作的話，那課程也是輕易地就進行順利了，這中間不只包含鼓勵，也包含方式、心態、習慣。就像我的教學習慣，我喜歡一切從「開始」要求起，也就是學生從開始跟著我起，我就會要求、刺激，使他們盡力達到我所在意的「關鍵」。例如：不管什麼課程主題，第一個要強調、堅持的重點是：思考時必須要自身體即興出

發，邊跳舞邊想、邊修改，不准坐著、站著想，要跳著想，偶爾可以停下來思考修改，唯有身體處於活動狀況，才可能發展到所想表達的精華，這就是舞蹈的奇妙。跳舞達成想法，而想法引導舞蹈內容，好玩極了。肢體永遠都是在活動時才能嘗試到想要的可能性，更何況，我們上的是舞蹈課，而不是思想課，所以跳舞是基礎的，我不希望學生編舞時坐著編，那一輩子也編不好，一定要起身跳舞，才能有好的作品出現。也因為如此，我希望小朋友從小就有這種習慣及認知，而非用靜止不動、發呆來面對我的課，我是會拒絕上課的！這是舞蹈課永遠不變的基礎原則。用盡身體嘗試和舞動，不要等待老師的帶動和示範，起身用身體舞動嘗試，你才會找到屬於自己的天空！

這些是我要求學生應有的基本心態，記得小時候，沒有人教導我們如何去為自己尋找答案，長大後需要摸索很久才知道自己在幹什麼，這是可惜的。其實在成長過程中就有機會、權利學習這樣的能力！所以，我說歐洲人幸福，他們的社會為人民著想，所以他們比我們少走了許多冤枉路，就懂得選擇自己的人生，而不盲從！希望每個人有不同的想法，形形色色的特質都存在課堂裡，才是上課的最高樂趣。不希望學生放棄了「主動跳舞」，而

形成「被動跳舞」的習慣，這是最不樂於見到的。當然，每個老師有不同的教學堅持及不同的期望程度，但對於我來說，有自己的「舞蹈思考力」是勝過其餘的，所有的舞蹈基礎都可以靠操練達成，沒什麼了不起，無法自己分辨要的舞蹈是什麼才是個大麻煩呢！

　　舞蹈的內容及道路都由自己掌控，不是很好嗎！正因為如此，也容易了解別人，懂得和他人合作，只因具備了「思考力」，舞蹈的路上應該是會更踏實而充滿實力的！而從一開始就希望將這些目的明顯化，讓未來好教學，使學生明顯地了解到我的要求點，他們就會習慣性、自然地達成，不再認為那是個「難以起腳」的點，輕鬆自如地不斷嘗試下去，願意自在！我也不再需要每堂課諄諄教誨。我常跟孩子們說：「相同的話，不要讓大人一再重複，那是很煩、很痛苦的事！大人可不是管家婆，一唸再唸！」想要凡事達到事半功倍，只有訓練學生的獨立性，不論思考或身體的都獨立，師生的感情才會愉悅，那是愉快的上課氣氛來源，而這一切，來自對教學的種種堅持！

認識身體

　　沒有「身體」，如何跳舞？但是你我認識「身體」嗎？大家都知道「身體」是舞蹈的工具，但是很多學舞的人並不怎麼了解自己的身體，不認識各個部位的名稱，也說不出彼此的關係。雖然不是學醫，但至少要有概念，因為我們每天使用的是身體，什麼是髖關節？什麼是大轉子？哪裡是上腹部？如何應用呼吸？吸吐之間如何提升下腹部？讓身體看起來更延伸，所有的力量都孕育在什麼部位？大腿、小腿、關節三者的關係，會不會影響到彈跳能力？及許多腿部動作的相關聯及安全。

　　也應了解手的訓練會如何帶動後背和肩胛骨的力量，使背部強壯，全身上下沒有環節不息息相關的，根本無法單獨存在，當老師要求你手舉高時，同時也牽動了後背的力量；當腿往後抬時，除了大腿很用力外，還有腰、臀部和髖關節的正前面都會拉到，所以得認識自己的身體部位與關聯性，才能更快拉進自己、舞蹈和肢體的親密關係。

　　「身體的認識」在舞蹈基礎教育裡是很重要的，沒有對它的

體認，就無法進入更深的技巧準備。軀幹、四肢、頭、頸及各關節，都可以透過書籍、影片、圖片來概括介紹、認識它們。透過這些工具我們有了初步的認知後，再將身體拆開分成各部位來了解，並且活動它們，例如：讓膝蓋上下蹲站，感覺膝蓋的關節如何蹲站？再讓頭前後左右轉一轉，繞到的脖子關節可靈活？手也轉一轉，手腕的轉動夠柔軟嗎？可以試的動作很多，腳也能，還有肚子、臀部、後背，只要是身體部位通通可以切割出來動一動，然後把嘗試過的感覺存記在腦海裡，我們可以依據這些記憶，來準備下一段工作。

　　這堂課的音樂依照年齡的大小來決定其長短，年紀越大者音樂較長，當然都要悅耳好聽。小學二、三年級者大約二分鐘即可，因為太長容易因無法發展而喪失興趣。以音樂為時間限制，在過程裡，必須將每個身體部位都分開來動過，但有一要求，需循著音樂的旋律連起來，使動作不是片段零散的，而是有段落、有連接的跳舞形式；更不要像機器人一般，七零八落連不起來，搞得不像一首舞！

　　慢慢地，會感覺只動到單一身體部位是略為無聊的，也沒什麼挑戰性，這時就可以連接兩個甚至好幾個部位一起動。例如：

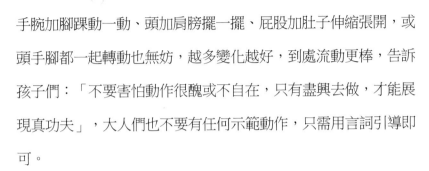

手腕加腳踝動一動、頭加肩膀擺一擺、屁股加肚子伸縮張開，或頭手腳都一起轉動也無妨，越多變化越好，到處流動更棒，告訴孩子們：「不要害怕動作很醜或不自在，只有盡興去做，才能展現真功夫」，大人們也不要有任何示範動作，只需用言詞引導即可。

將身體部位分開來跳舞，是為了提醒及認識身體原來有這麼多可能性，而非只侷限於手腳的舞動。「手腳」是身體使用比例最高的部位，這樣是不能擁有更深、更好的技巧，好的身體表達是「全身」，而非局部，就算只動到「手」，身體也仍然是提著的，這是專業舞者的基礎，我在教室裡時常禁止小朋友們，「不准他們手腳同時跳舞」，因為「手腳」使用比例過高，我就會要求他們手和腳不能同時跳舞，只能手和身體其他部位一起舞動，腳也是相同的情形，目的在訓練他們脫離習慣，應用全身，而不再只是手腳了。雖然這種限制有點彆扭，但突破了就會很自在地應用身體！

這些現象最容易發生在初學者的身上，手腳是人最容易而直接的動作，如果再加上容易害羞或不善於表達的小朋友，他們更容易把身體都綁在一起，好像被束縛住一般。偶爾動動手腳表示

一下，全身上下都不曾放開過。我常取笑他們：「又不是身體發霉，一直縮在一起幹嘛！」然後，小朋友就會咯咯的笑，我也只好拍拍他們的小臉，利用課程盡力將他們的身體扒開，讓全身都好好見見「世面」，呼吸呼吸新鮮空氣、晾一晾光亮，驅走「霉氣」，給身體大肆伸展、暢通的機會！

「快樂、暢快」是跳舞時最基礎的享受之一，而課程進行至此，「身體是舞蹈的工具」是大家都知道的觀念，那麼對於「工具」的使用方式，需要經過好的訓練與教育，但訓練的最終目的是什麼呢？——就是學會應有的「表達能力」；學習這麼多，無非是為了擁有更適切的肢體能力，使它能夠將創作者所思考的種種透過肢體表達出來，我們就稱之為「舞蹈藝術」，最棒的舞蹈家都希望自己能神乎其技地運用好自己的工具——身體。

而現在透過這樣的訓練進一步認識身體了，是否可以繼續將剛才所嘗試的所有動作組成一首舞，讓大家連貫性地看清自己的實驗，感受它每一次的出發及互動關係，用心表達腦中想試的，流動身體的執行，好像畫筆在畫布上不停地畫著，畫出奇妙而變化無窮的線條，由點到線到面，那是吸引人的美麗。而把身體分解後跳舞，只為了突現對它的應用，以增強對舞蹈的認知能力。

不同的感覺

　　人類與生俱來的觸覺、視覺本來就能立即感覺到外界給皮膚的反應、形體給視覺的刺激。當我們看到圓形的東西會有什麼感覺呢？會覺得圓滑、溜來溜去的，還是直接就想彈它？如果現在有一根針在你的眼前會覺得刺眼，馬上想閉眼躲開！接觸到棉花時，那份柔軟令人舒服；踢到石頭時，一定很痛，因為它很硬，

不管是輕、柔、重、尖或是滑，都給人不同的感覺。只要舉出日常生活中時常發生的例子，這堂課就可以玩得很精采喔！

首先說出許多生活中接觸各事各物的感覺，我們分兩個程度來上課，一是觸、視覺，還有日常容易感覺得到的狀態；二是味、嗅、聽覺，以及較為無形的感覺。暫且不談第二項，因為它們較抽象，下一節的課程再來上較為適當，先從看得到、摸得到、感覺得到的開始，例如：氣球、棉花、灰塵、壓力、千斤頂……等，把它們會造成的感受說出來，並且描述出形容詞，例如：輕、重、柔、圓、尖，還有其他種種，描述出來之後，將語言動作化。例如：氣球的「輕」、屁股被尖物「刺到」、「柔軟的」棉被……等，都可以用動作跳出來。例如：有人很輕很輕地飄浮著走動，他可能是「灰塵」漂浮在地面上，也有人重重地踩著地上，手臂還做出長鼻子的樣子，他就是「大象」在走路；也有人軟軟地趴在地上，說自己是一球「冰淇淋」的……等，這些都是日常生活中輕而易舉可以表達出的，還有其他更多有待大家去發掘想像。

這時會輕易地發現「名詞」與「形容詞」的重要，語言引導動作是最直接而必須的方式，大人們用說的、少跳舞，會留給孩

子們可發揮的空間,這樣不斷互相地舉例、邊說邊跳邊玩,不就試著將許多「不同的感覺」都動作化了嗎?效果絕佳,配合音樂把剛剛玩的動作都組合起來,彼此欣賞一下、分組討論,猜猜看對方跳的是什麼?有沒有人明明是輕輕地走路還說自己是大象,明明是灰塵,身體卻無法飄浮,這都在在考驗身體的實力。說得出來但也要跳得像,當表演讓大家摸不著頭緒時,你可能需要再多加強一些,修正以往,才能再次表演。在「不同的感覺」裡,其實就是最簡單的「動作質感」,是一種初級的訓練,讓跳舞時不只是動作還有質感可言。其實要跳舞並不難,但要真正有品質的跳舞就不容易了。

身體的延伸

很多舞蹈課的拍子觀念是經由老師的嘴巴不停地數數而來,或許設計課程來學習,會更靈活而好運用。在前面我們曾經敘述過「輪流跳舞」的單元,那是「8 拍」作為輪流動作的基礎拍子,今天我們要進階到「4 拍」的基礎練習,只是將它應用在延伸動作上,將基本拍子和延伸的感覺相融合,可以一堂課程建立

兩種能力與觀念，實在是既豐富又學習快速的好課程。

「4 拍」就是平均地數 4 下，讓學生輪流地數「1、2、3、

4」，一個接著一個，一直到沒人出錯為止，然後請大家各做一

個姿勢，把這個姿勢延伸至4拍完全，例如：把腳伸直，可能從

1～2拍就已經伸直，其他的3～4拍就用來延伸直到拍子做滿為

止，形成一個姿勢（pose）可能只要1～2拍，而其餘拍子就為

了繼續延伸，讓手腳更長更美。

　　跳舞的美和一般動作不同，舞蹈需要延伸性來充滿張力，讓身體比平時更長更大。有時你會發現，舞台上的舞者比平時高大修長，那是延伸和呼吸的巧妙搭配而來的，是舞蹈裡很重要的技巧之一。美妙的吸吐牽引著肌肉的收縮。當每個動作都要做滿 4 拍時，等速而平穩的拍子，只能接納單一的姿勢，免得太複雜而模糊重點。主題越清晰，對年紀越小的孩子，就容易有把握而懂得快，讓他們對學習信心滿滿。

　　「延伸」，簡單地說就是將身體往四面八方拉長，但凡事都是有伸就有縮、有正就有反，配合呼吸的吸吐之間，最容易將動作與關節間的空隙再拉長、自然而輕鬆。身體所反應的撕開感，反而是一種舒暢而非疼痛，而觀看者會對舞者的身體感到細長而膨脹，因而在舞台上產生吸引力與美麗的張力，這就是舞蹈賦予身體的美，否則就會覺得身體短短的，跳起舞來不美妙而笨重。最美的身體就是輕而長，練習時可以一直數「4 拍」，但是熟悉後就讓時間成為習慣，搭配上一首 4 拍的音樂，聽著音樂，隨著旋律延伸你的身體。

　　利用適當的課程設計，讓小朋友建立良好的基礎，是大人的

福氣，因為從此辛苦可以減半，不用時常耳提面命，因為他們已經真的會了。我不喜歡每堂課都要不斷重複：「把手延伸再延伸」、「把你的腳伸長到最長」，每次都喊得聲嘶力竭，小朋友在當下也反應有限，造成他委屈、你沮喪。因為他沒有形成能力，最好是有專門的課程來認識及建立。「延伸」的感覺和體驗是很重要的，別讓小朋友在一連串舞蹈動作之後，還是笨重而短促，無法及時達到您的要求，那會是不知所措的感覺，要破除這類的尷尬，就是真正教予課程形成該有的能力。

最後要提醒的是「做滿拍子」，在這堂課裡，我確實要求做到滿 4 拍，不能只做到 3 拍半就草草結束，嚴格要求差半拍都不行，延伸到最後一秒鐘，否則都是「沒做完」。「做滿 4 拍」才真正學會這堂課，正確的堅持是促成孩子們大幅進步的加油劑，只是半拍的堅持，就能讓身體的延伸進步好大一步，勝過大半年的努力練習。我始終認為——「體驗勝過於操練，真心了解總勝於形式」。

左右分開跳

　　很多一年級的小朋友不太分得清楚左右邊，時常在課堂上發現他們的錯誤，但要時常提醒他們是累而沒有效率的事，還是設計課程讓他們認識清楚比較好。不僅如此，連其他年齡層的小朋友也可以有這樣獨特的經驗，將左邊、右邊分開來跳舞，單獨互不依賴，不再像日常有左有右的，每次都只能完全右邊或完全左邊，沒有時間限制，一直到累了再換邊，很好玩喔！

　　那份不習慣的感覺使人集中注意力，深怕跳回慣性，這是令人想發笑的經驗。順著帶狀式的音樂，跳完左邊就換右邊，每次都有一邊完全不能動，累了再換邊，如此不斷反覆地練習，直到音樂結束才能休息，真的是很累。小朋友開始對著我哇哇叫，好像我虐待他們一樣，我只好搔搔他們，叫他們繼續加油。被限制的感覺很奇特但又有點不好受。不能動的某邊身體，時間長了會漸漸僵化，那種累會期待放開的自由；但是有好處，永遠會記得身體有兩邊，一邊是右邊，一邊是左邊。

　　這延伸到「受限不受限」的感覺，很多肢體感受都是經由體

驗，很少是跟上動作就可以教會的。在受限時就需要「控制力」，如果跳舞時能夠擁有「自控的能力」，這也是很強的技巧之一。而「自控力」來自腦部意識，意識能力告知肢體，肢體能不能維持，就是一半靠意識堅持，一半靠身體能力了。

一般教室裡練習的基礎動作就是後半部的部分，這樣的身腦合一，一會兒要右（左）半邊不動，一會兒又要左（右）半邊跳著舞，無形中對腦部產生一種提醒，一直開著沒有熄火，不斷地在運作，這可是會讓人變得腦筋清楚且進步聰明。別小看這樣的舞蹈設計，因為藉由身體運動而提醒大腦，是有意識地讓大腦指揮身體，使小朋友覺得頭累身累，但也體認到大腦的運作。

具體善用腦力，不用吃補品就自然變得更聰明，不是很好嗎？又有活動、又認清左右邊、又啟動腦力，小朋友不棒才怪呢！如此大人們也越來越輕鬆，因為有聰明的孩子們，我們不需費太多工夫也可達到任何教學的目的了。

選擇教學藍圖

六年多來，家長最常問我：「老師！您教的是哪種舞蹈？」

我時常難以簡短回答，因為答案對我來說有點複雜，實在難以一
言以蔽之，需要時間好好解釋，所以我只好先反過來了解家長們
認識哪些舞蹈課程？他們通常回答我：「芭蕾舞、律動或中國
舞」，這是最常回答的。我完全可以理解他們的認知，並沒有錯
誤，也很實在，但兒童舞蹈重要的不是科目，而是「內容及師
資」。在現場我為了表現我的和善，我會儘量完整地解釋我的上
課方向、理念，但仍嫌不足；不足之處，剛好有這個機會可以藉
由此書來加以說明。

　　其實任何有關兒童的教育，「老師」都是最最重要的點，教

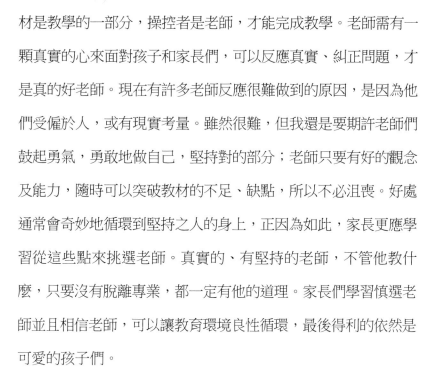

材是教學的一部分，操控者是老師，才能完成教學。老師需有一顆真實的心來面對孩子和家長們，可以反應真實、糾正問題，才是真的好老師。現在有許多老師反應很難做到的原因，是因為他們受僱於人，或有現實考量。雖然很難，但我還是要期許老師們鼓起勇氣，勇敢地做自己，堅持對的部分；老師只要有好的觀念及能力，隨時可以突破教材的不足、缺點，所以不必沮喪。好處通常會奇妙地循環到堅持之人的身上，正因為如此，家長更應學習從這些點來挑選老師。真實的、有堅持的老師，不管他教什麼，只要沒有脫離專業，都一定有他的道理。家長們學習慎選老師並且相信老師，可以讓教育環境良性循環，最後得利的依然是可愛的孩子們。

說到「老師」，其實多年以來，有很多優秀的舞者參與教學，他們平時在舞台上盡情演出，擁有良好的技巧。不管這些舞者老師們技巧多好，最重要的還是內心裡教學的態度。大部分的舞者把心思精力放在演出上，排練佔據大部分的生活，生命中的目標也可能是「演出」而非「教學」，所以可能對教學的投入程度有限，較無法專心深入地了解學生真正的需求。但舞者老師對技巧的敏銳度較高，所以頗適合教授很專業的課程，但是對於兒

童舞蹈就不見得適合。兒童課程需要反應敏銳、經驗豐富、解讀力強的老師，更需要對教學的投入及高度的興趣，才能教好兒童課程。高超的技巧及高知名度不見得是為孩子選擇老師的最佳依據。

舞蹈教學是一門深學問，它需要老師的用心及經驗，並非哄哄孩子和喊喊拍子就可以解決的。教了這麼多年的舞我自己都覺得仍需要繼續研究，不斷地思考、實驗更多的問題及可能性，繼續保持高度的創作力，才能「隨手拈來即是詩」。什麼樣的課程都能靈活運用，我也時常利用課餘參詳其他藝術類別的教學方式，發現這些藝術教學確實有趣，它們比舞蹈教學更懂得締造開放的資源，讓孩子們去接觸、實驗、思考各種可能性。唯一該共同注重的是老師的觀念，它會影響引導的手法，造成效果好壞，形成孩子們的觀念。所以能遇到好的老師是幸運的事。選老師而非選課程。課程永遠是死的，人是活的，老師懂得應用在學生身上才是真正的好！

每次下了課，孩子家長都追著我問：「下次教什麼？下次教什麼？」我都笑著回答他們：「別吵我！別吵我！待我看看今天課程結束後缺什麼？再想想下次要上什麼？好嗎？」他們也很可

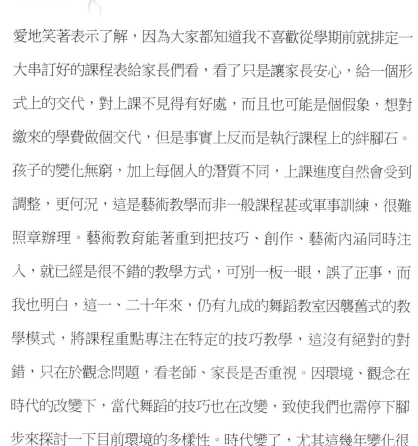

愛地笑著表示了解，因為大家都知道我不喜歡從學期前就排定一大串訂好的課程表給家長們看，看了只是讓家長安心，給一個形式上的交代，對上課不見得有好處，而且也可能是個假象，想對繳來的學費做個交代，但是事實上反而是執行課程上的絆腳石。孩子的變化無窮，加上每個人的潛質不同，上課進度自然會受到調整，更何況，這是藝術教學而非一般課程甚或軍事訓練，很難照章辦理。藝術教育能著重到把技巧、創作、藝術內涵同時注入，就已經是很不錯的教學方式，可別一板一眼，誤了正事，而我也明白，這一、二十年來，仍有九成的舞蹈教室因襲舊式的教學模式，將課程重點專注在特定的技巧教學，這沒有絕對的對錯，只在於觀念問題，看老師、家長是否重視。因環境、觀念在時代的改變下，當代舞蹈的技巧也在改變，致使我們也需停下腳步來探討一下目前環境的多樣性。時代變了，尤其這幾年變化很快，藝術環境越來越青睞多樣的風格，而非單一的。也就是說，雖是舞者也要充滿豐富的創作力，編舞家更是要了解動作語彙的表達程度，絕非僅是目前這些慣有的上課科目可以概括的。

　　熟悉的科目名稱並不代表永遠的教學，重點是老師如何洞悉藝術發展，不斷地調整教學的方式和內容，為孩子們事先鋪路。

我也知道大部分的人配合學校的入學考試及教室自己的年度表演，並把這些視為最重要的目標，所以短時間內大概很難改變突破坊間的教學現狀，但市場會慢慢去逼迫出來。早年的家長有著「望子成龍、望女成鳳」的期待，送孩子們學舞蹈，目的在培養一技之長，若還能考上大專程度的舞蹈系，將來畢業就有個職業可圖。但我發現，現在的家長觀念不同，他們常告訴老師：「未來孩子不一定要走這一途，只要他們學習得快樂就好」，顯現觀念的改變。我也明瞭，但更需進一步教育的是：「要孩子『真正的』快樂並不如想像的容易，學習的快樂是『真正的成就和進步』，內心有所收穫才能快樂滿足且充滿自信，你相信嗎？」他們也瞪大眼睛看著我，因為這可能是他們從未獲得的回答，所以慎選老師真的是最重要的一環。教室的硬體設備及名氣都是參考即可，沒什麼了不起的。

　　台灣的舞蹈教學已慢慢進入包裝、行銷化，課程也加入各類形式。除了芭蕾、現代和中國舞外，更綜合了多元、活潑的教法，這是值得慶幸的。大環境在變化，人們思想也改變了。現代人對學習、喜好和過去有所差距，小朋友長大後就是業界的後起之秀，創作領域會不斷地注入新的思潮。那到底怎麼樣的教學可

以真正為孩子們鋪路呢？我也常和親近的家長聊起這類問題，我還是強調教學是人控制的，而掌控的人是「老師」，老師應時常思考這類問題，為孩子們預見到未來，才能安排好教學的走向。我知道大部分人只願將眼前的課上好，不願思考太多，這中間考驗到人的智慧；某些階段的學習是小朋友締造基礎的寶貴時期，老師對於舞蹈的看法、理念、教學的觀念，以及對教育學生的態度，都是最重要的，這些勝過教室的美觀、老師的身材及團體的知名度。

Chapter 4

一起跳舞

鏡子

　　人們幾乎天天照鏡子，若你不常照鏡子，請馬上拿起一面鏡子來看看自己，並動動你的手指頭，看看鏡中的你，手指頭是否也動了？再轉轉頭，看看鏡中的你，頭是否也跟著轉呢？這些都是很平常的事，但卻是很有意義的訓練課程。你可以繼續和鏡中的你玩耍，享受這有趣的感覺；不管怎麼動、怎麼轉，鏡中的你都會絲毫不差地跟上。再繼續看看，你轉圈他也轉圈、你坐下他

也坐下、你幹什麼他都跟隨著，這是鏡子反射的原理。它可以將人的一舉一動都映照眼前、討人喜歡，使人喜愛這如影隨形的好夥伴。

　　帶著以上有趣的嘗試，開始活動活動，懷著有趣的好奇心，先從兩人一組，由 A 當照鏡子的人，B 是鏡子模仿 A，不管 A 怎麼動，怎麼前彎後翻，B 都得跟上 ，因為他是鏡子 ，而 A 是出動作的人，這時可使出「十八般武藝」來征服「鏡子」。為了迎接挑戰，「鏡子」會用盡力氣迎合，但小心可別太激動，若扭傷了腰，或是踢到腳，可不是好玩的事。更別玩過火了，把「鏡子」整得七葷八素，不然等輪到你時，就有苦頭吃了！所有的這一切，都是為增加趣味，給小朋友增添現場氣氛，不會真的有什麼危險性。當鏡子的人需有很快的反應力、靈活的觀察力，否則會跟不上對方瞬息萬變的動作。

　　這時的我從旁觀察孩子們活動的過程，常驚嘆於小朋友的聰明伶俐，除了驚喜連連，還很佩服。孩子們不經意的肢體表現，就連我都想像不到會有這麼厲害的動作！好像天造似的，小小年紀，創作力這麼強，小朋友的潛力真是令人驚嘆不已。

　　待大家都玩得盡興後，我們更改了一下遊戲規則，讓大家互

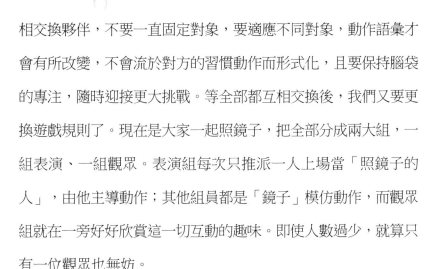

相交換夥伴，不要一直固定對象，要適應不同對象，動作語彙才會有所改變，不會流於對方的習慣動作而形式化，且要保持腦袋的專注，隨時迎接更大挑戰。等全部都互相交換後，我們又要更換遊戲規則了。現在是大家一起照鏡子，把全部分成兩大組，一組表演、一組觀眾。表演組每次只推派一人上場當「照鏡子的人」，由他主導動作；其他組員都是「鏡子」模仿動作，而觀眾組就在一旁好好欣賞這一切互動的趣味。即使人數過少，就算只有一位觀眾也無妨。

扮演「照鏡子的人」，通常都很興奮，因為他一有動作，所有的人就有如跟屁蟲似地學習他，使得他內心發癢，很好笑，連他也笑歪了，大家的動作也和他一樣，所以很興奮。但在七手八腳過程中，可別忘了隨時換人！藉由玩樂，操作上會一次比一次敏銳熟練，有時畫面會呈現不可思議的交集，這些交集的形成是即時畫面、影像，所有都在那一瞬間，不會再重複出現，那是「瞬間藝術」的珍貴之處！

當觀眾看到「照鏡子的人」與「當鏡子的人」之間，輕易透過視覺比較出效果，這時很多想法會因應而生，給大家機會提出來互相討論分享，藉機了解不同的想法，這樣可拓展思考。那麼

年紀很小的孩子會說嗎？我的經驗是只要給他們機會，就會說，只是內容比較單一，例如：「我覺得很好玩啊！」或「很好看！」之類的，大人可以追問：「哪裡好玩？」、「為什麼好看？」，刺激他們動腦。人的大腦深奧而有趣，一旦啟動思考能力，就是不得了的事，什麼反應力都已是小事！不管多困難的課程學習都會很輕易地理解跟上。舞蹈算是困難的學習，身體和腦袋要隨時彼此跟上；如果舞蹈學得好，其他的學習都非難事。

當老師的我，總是希望上課更輕鬆，要有所領悟，所以一開始的課程安排，就將目標訂在「把學生教聰明」，再注入其他的。學習需要孩子們有能力溝通執行，才能接續更深、更難的部分。課程總是越學越難，才有程度可言，沒有人希望停留原地，然後越來越笨；就算在日常生活中，我也如此告訴家長，利用生活學習，多讓小朋友做事，執行操作自己的生活，才有機會發現問題，遇到難處時才有機會思考解決，這是教育最重要的部分——訓練獨立自主的能力。若是剝奪了這些機會，凡事都幫他們做完，青嫩的小草哪有自我茁壯的機會？長大後通常會出現生活能力不足、人際關係不佳、承擔不了問題等等很多困難。

「獨立自主」是最好的天然解藥，家長也會感受到照顧孩子

的輕鬆，因為孩子們懂得照顧、安排自己。為什麼要提到這些有關性格養成的問題呢？在課堂上，永遠不會只有專業出問題，通常是學生需要突破心態上和性格的能力。或許有老師會認為：「只要把課上完，各自的能力自行承擔。」但我認為，孩子們的教學無法如此，除了教導專業以外，應當藉由課程的了解，提升小朋友對性格的養成、有能力突破學習的瓶頸，因為大部分是性格能力無法突破，而非專業問題。有好的獨立性、思考力、抗壓性和耐力，才會在舞蹈的學習路上事半功倍，且獨具風格！

木頭人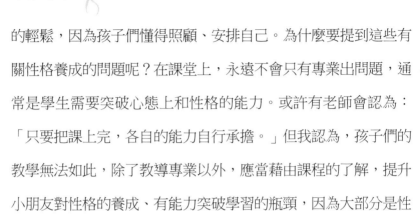

　　「一、二、三木頭人」是小時候令人回憶的遊戲，大家應該都還記得。用舞蹈的角度來看，這是很棒的舞蹈遊戲及課程教材，它有助於訓練肢體動作的變化，尤其對小朋友動作的變化有很大幫助。通常人的動作來自直覺，有的人天生很豐富，有的人容易僵化單一，因此，得利用這樣的課程來活絡肢體語言。

　　現在，我們將「木頭人」遊戲稍加改變，從中玩出動作來。孩子們天真自然的反應是這個遊戲最有趣的地方，他們不假思

索、出其不意的動作，創造許多肢體語彙，寄情於歡樂的遊戲

中。他們也忘了在上課中，自然而然地做出各式各樣的停止動

作，渾然不覺得變化動作有何困難！

　　除了恆久不變的遊戲規則，就是總有某人當「鬼」，其餘都

是「木頭人」。當「鬼」的人同時肩負起監督的工作，且要訂下

一個規定：「木頭人的動作不可重複上一次的任何動作」，換言

之，就是每次動作都得更換，若有人重複上次的動作就是犯規，

得被抓做「鬼」來監督所有人，一直輪到大家都當過「鬼」，遊

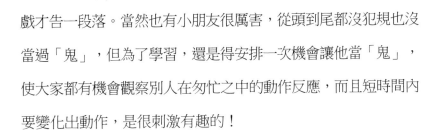

戲才告一段落。當然也有小朋友很厲害，從頭到尾都沒犯規也沒
當過「鬼」，但為了學習，還是得安排一次機會讓他當「鬼」，
使大家都有機會觀察別人在匆忙之中的動作反應，而且短時間內
要變化出動作，是很刺激有趣的！

　　現在，大家都懂得遊戲規則了，只要開始玩就可以上課囉！
遊戲的方式也並非一成不變，可以變化更多，例如：在詞語上做
變化，用語言影響動作的種類性質，例如：「一、二、三木頭
人」可改為「一、二、三動物園」，更改它的名詞；或「一、
二、三花園」、「一、二、三交通工具」……等。運用不同的名
詞來引發動作型態的改變，可以令想像更廣、更多變，目的都是
為了激發更多元的動作想像，增強肢體能力。隨著不同的詞彙引
導出相關的動作來並非容易事，但運用孩童玩遊戲，心情上就大
不同，困難度也會因此減弱。讓孩童玩遊戲應變成舞蹈創作的基
礎課程，是值得經歷的過程，因為，「寓教於樂」，好不樂哉！

　　從其他角度來看，這樣的上課手法是「有程度的限制」。將
內容目標用名詞歸類，例如：「一、二、三花園」時，只能跳有
關花或花園的動作，不能有車子之類的。在限制中擠壓出更棒的
創意，逼腦袋在範圍內還能變化，才是厲害的創作。為了讓小朋

友免流於習性，突破更多動作的產生，可以另外從日常動作「走」、「跑」限制起。例如：全舞不准有「走」和「跑」兩個動作，跳其他動作來移動，這樣刺激就限制到了，他們得不斷地提醒自己，免得因慣性而犯規。逼他們去想別的動作，同樣是移動，有很多可能性，在學習過程中，就是要鼓動「跳舞」，而非比畫動作，連「走」和「跑」都應該是跳舞的模式，而非只是日常動作罷了！

用理論來歸類，這是極簡單而單一的舞蹈即興。「舞蹈即興」是近一、二十年進駐台灣的，它的輕鬆、愉快及直接，是一般技巧課程無法取代的。「即興」可以巧妙地帶領我們舞動所要表達的主題，也可以訓練不同的身體能力，它不受有限的技巧模式。有人不看好這種技巧訓練，但可以肯定的是：它豐富肢體的表達能力，甚至藉由即興，很容易就可以了解共同表演的夥伴，是創作基礎又操作不難的課程方式。它巧妙有趣，在預備創作的路上一定需要它，它是所有創作者的重要過程，也是創作的起點，雖然它不歸類於任何技巧範圍，但我認為，舞蹈訓練若缺少了它，肢體較容易僵化，而且透過即興可以直接表達，不用透過老師的示範，可呈現完全的個體。尤其想像力較侷限的孩子，容

易重複及固定動作的型態，令舞動形成乏味感。他們不喜歡動腦筋、習慣依賴，所以，要引發他們的想像力，就得上這類的課程。

孩童時期的舞蹈教育，本就應注重提升智力發展、觀念養成，更勝於技巧的訓練。藉由舞蹈訓練，能夠有別於常人的思考、智能和腦力，所以著重於訓練獨立、聰穎伶俐、有深度的小舞者，長遠來看，絕對比操練日復一日的課程還有價值。

圓和圓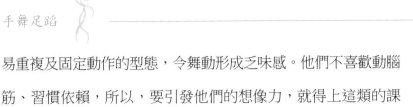

每次我在教室裡拿出呼拉圈，小朋友都會尖叫再尖叫，好像很喜歡玩，想不到圓圈圈的魅力那麼大。事實上，在這圈圈裡的學問可大了，「呼拉圈」是個最簡易的圓形道具，它可以和身體結合出許多交集變化，它是「圓」的代表之一。但是今天我們要不經由任何道具，讓身體也可以獨自形成各樣的圓，完全不需要道具的加持。例如：手指頭彎曲下來就有圓的型態，身體轉一圈也是圓、腰繞一圈又是圓、彎下腰將手抓著腳也是橢圓，隨隨便便都可造成圓。身體與身體間產生的空間好有趣，將身體拗一拗

便可形成各式各樣的圓，好像變形蟲一般，令人發笑。

　　一開始，大家先活動一下筋骨，尤其在冬天，可別硬梆梆地拗起來了，那是會受傷的哦！動著動著身體就熱了，慢慢地，從小局部的圓開始發展，逐漸擴大，變成越大越複雜的圓形。看著大家捲曲著身體、繞著圓圈跳圓、跑圓圈、轉圈圈，看得昏頭轉向。因為整個教室都是「圓」，我還能怎樣呢？只好跟著「發瘋」。說也好玩，小朋友每到轉圈圈，可以咯咯笑好久，那麼快樂就別阻止他們了，待累了他們自然會躺在地上向我求饒，我只

好中場休息下半段再發展下去了。

　　然後配著音樂，它是我們的好朋友，每堂課都不能忘了它。配著輕鬆的樂聲旋律，將剛才拗來拗去的動作都組在舞裡，讓大家看看玩出來的結果。只有一個基礎的要求是：儘量不重複已做過的動作，一直是不同的圓形，圓來圓去都是不一樣的。我通常是讓小朋友配著音樂練習三次，就差不多可以了，由大人視情況指揮安排輪流，然後彼此觀看，看看別人的也想想自己的。

　　當然有一個圓就會有兩個、三個，甚至一大堆圓。圓來圓去光想就暈了。就像旋轉木馬和萬花筒其實很漂亮、也很精采。上兒童舞蹈時最愉快的就是這種不預期的精采。為了讓圓的變化更多，給二、三個人組成一組，請大家把自己的圓和他人的互相交集或重疊，例如：我們常見的這種圖像觀念（如下圖），互相手

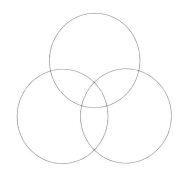

圈著手就是兩個交集的圓；從別人手下繞個圈圈也是好幾個交會的圓；像跳華爾滋般的互繞也是交集，你穿過我、我穿過你，像過山洞般也是交叉的圓，人數越多越可塑造複雜性大的圓形關係，但慢慢增加人數避免太混亂，以免搞得亂七八糟、打結互撞地。可先從二、三個人開始，等進入狀況後再增多人數，最多可到六人左右，再多就混亂了，不是小朋友可以勝任的。人多難度較高，彼此要有很靈光的腦筋才能發展得好。在互相接觸時，會發現許多問題及有趣的地方，大人要善加引導與保留，將問題排解並增加樂趣，讓課程的進行達到目的且不失快樂。

多人的圓交叉時重疊性高，要注意的是別把別人的手給扭了，或老壓著別人不知道起來，結果上完課，不是扭到就是壓傷。教育孩子們細心對待夥伴，感受下一個動力的來源，才能銜接得好而順暢。

何謂「圓」，它代表著滑順，所以別蠻力相向，忘了學習感受他人隨之而來的動力，讓團體的流暢性順著就建立起來，別拗來拗去地弄疼大家，長大後排舞就會對別人的感應很弱，形成彼此間的阻力。就好像是人際關係一樣，細心感受別人的人好呢？還是到處製造障礙的人好呢？看看這堂課，除了舞蹈層面的教

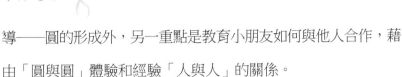

導——圓的形成外，另一重點是教育小朋友如何與他人合作，藉由「圓與圓」體驗和經驗「人與人」的關係。

道具共享

這是我觀察家長敢怒不敢言的同理心。雖然這是個消費性時代，但我認為會偏頗孩子們良好習慣的，教育者都應該少做。才

　　藝的學習除了技藝的養成外，也能培養出好習慣。雖然社會上，

文教業漸趨向「服務業」，但仍別忘了它的本質是「教育」，大

人們的教育觀念仍應有某些程度的堅持，不要過度偏頗徇私，因

為孩子們在學習的過程即在吸納我們處事的態度和想法，無形中

會循此模式來思考。所以為人師表應思考許多行為模式，為孩子

們奠定良好的生活觀念。

　　舞蹈課程裡時常要用到的「道具」，大部分都是每人購買一

份，不過，這些購買來的道具往往只有在跳某首舞時用到，一旦

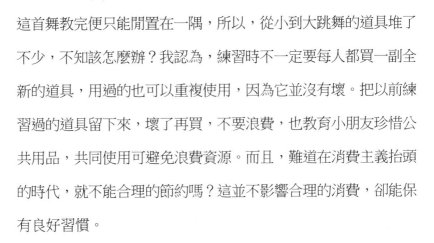

這首舞教完便只能閒置在一隅，所以，從小到大跳舞的道具堆了不少，不知該怎麼辦？我認為，練習時不一定要每人都買一副全新的道具，用過的也可以重複使用，因為它並沒有壞。把以前練習過的道具留下來，壞了再買，不要浪費，也教育小朋友珍惜公共用品，共同使用可避免浪費資源。而且，難道在消費主義抬頭的時代，就不能合理的節約嗎？這並不影響合理的消費，卻能保有良好習慣。

我常主動向廠商收購二手道具，放在教室裡，小朋友想用就用，沒什麼限制，別拿去打人就好。即使使用頻律高而壞了也不會心疼，因為物有所值、物盡其用，並規定用過的班級要將道具收拾乾淨，以利下一個班級使用。所有道具永遠屬於教室的，為大家所共享，不夠時再添置，省去家裡堆置、清理的精力，也讓孩子們懂得許多物品公用的價值及精神：不能去破壞它，並記得還有人會再用到它，所以要維護它，也不會造成無謂的浪費。

服裝也是相同的道理，也許有人會執意要求學生穿著教室的制服習舞。但我認為，服裝只要能讓孩子們自在舒服地跳舞即可，並沒有特別規定的必要，這一切都看教育者要的是什麼。當然，芭蕾舞有它適合的衣著，要穿著緊身衣和軟鞋；而現代舞則

強調赤腳跳舞，所以，為了因應技巧和教學需要，無可避免要購買跳舞衣服。至於一般練習則因人而異，只要所穿的服飾不妨礙跳舞，輕鬆自在，穿不穿制服又何妨呢？而且，要求所有人都一樣穿著制服，是奇怪了點，自己穿喜歡的舞蹈衣，還可依品味、身材、心情喜好來搭配，這樣不是比較符合藝術精神及自由度嗎？

　　關於服裝與舞蹈的技巧配合，有它的歷史原因，可以安排課程來教導說明。但應是真的基於教育認知，而非將這些應有的搭配窄化為強制行為，減少了許多上課服裝上的樂趣。

Chapter 5

純粹聊天篇

法國舞蹈教育

　　說到曾在法國學習，就應將在那裡體驗到的種種與大家分享。我覺得法國的學童基礎教育很以人性作為出發點。基本上，我覺得它就是一個以「人」為主的國度，而台灣是以「利益」為主。當重視的是「人」時，所有的思考都以「人」為基礎，而非「利益」，包括教育，所以，法國人很幸福，至少國家社會所做的一切都是為了人民，而非其他。

　　「兒童韻律教學」屬於普及的基礎教育，尤其小學三年級以下，不論學校、社區、公共場所，都安排很多這一類課程，不用花錢，或者花很少的錢就可享有，所以，在路上幾乎看不到幼童舞蹈教室。

　　這類的教學內容偏重於肢體探索和身體律動，以藝術的觀點出發，讓身體擁有表達運作的能力。其實不論藝術、文學或人文，都是法國基礎教育的重點，因為他們深信這是建立人格的重點。

　　而專業課程是給有潛力條件的人上的，他們教育人們從小就

認識、了解自己，知道自己的性向興趣，不需浪費不必要的時光做效果不好的人生投資，所以，適合舞蹈條件而又有興趣的孩子，七歲左右就被選入舞蹈學校，展開大半輩子的舞蹈生涯。因為條件罕有而且必須經過辛苦的訓練，所以，芭蕾舞者在法國的社會地位非常崇高。

法國人看待藝術家都是如此，因為他們認為，藝術家天賦異稟且非凡，並不是一般人都能有如此的條件，所以絕不扼殺任何有條件成為藝術家的人。他們給予劇院裡的舞蹈家待遇有如公務人員，一輩子受國家保障、照顧。平時對專業舞蹈有興趣的人，可以到專業的舞蹈教室自費上課。因為對老師的要求很高，教室數量很少，大多由退休的舞蹈明星所開設，有一定的水準，所費不低，上課以芭蕾舞為主。大一點的教室或舞團才會加入現代舞及其他專業舞蹈。父母送孩子到私人經營的舞蹈教室學習，除了孩子自身喜歡外，也認為芭蕾舞是高尚的興趣，可增加超凡的氣質及擁有藝術的素養與鑑賞能力。藝術之於生活，是法國人生命中既有的基礎能力，這樣的人民素質才能突顯國家的高度發展。

每個人命運大不同，記得那時決定離鄉背井，搭著飛機遠赴法國留學，什麼都不知道。那時候有老師形容我「憨膽」，那是

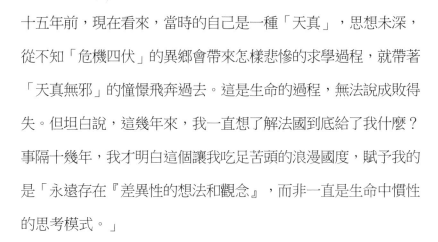

十五年前，現在看來，當時的自己是一種「天真」，思想未深，從不知「危機四伏」的異鄉會帶來怎樣悲慘的求學過程，就帶著「天真無邪」的憧憬飛奔過去。這是生命的過程，無法說成敗得失。但坦白說，這幾年來，我一直想了解法國到底給了我什麼？事隔十幾年，我才明白這個讓我吃足苦頭的浪漫國度，賦予我的是「永遠存在『差異性的想法和觀念』，而非一直是生命中慣性的思考模式。」

回到台灣後，很多人不習慣我的想法，因為我不在他們習慣的期待內，還好近幾年來容易多了。但對我來說，這樣的思考方向是洞悉生命意義的便橋。至於舞蹈，我也不再侷限，更能自在、快活地用生動的心態來辨別它，和它相處，這才體會到悠遊在其中，是無上的快樂和滿足；於是，我才懂得開始感謝法國，雖已對回憶模糊，但數年光陰後，我依然能再拾起並深入應用一切。

某夜深了，我翻著從法國帶回來封存已久的書，這幾年來，我一直把它「冰」在書櫃裡，忙著生活、玩樂，從未好好地拿出來看過。當自己隨意翻著，看到法國人在七、八年前積極檢討自己國內舞蹈教學的主流，他們提到：「這幾年似乎已錯過許多未

來舞蹈藝術該會形成的道路與方向。」今我驚訝,沒想到,法國人這麼敏銳,無時無刻都在留意法國的舞蹈發展,可見他們真的很在乎自己的專業。

那本書中許多探討的觀點與我這幾年來的努力不謀而合,除了心中竊喜,也想不到,一本塵封已久的書,觀念和態度已經如此進步,真不知道該笑還是該哭?常覺得找到知音。但是這樣的觀點在台灣推展得很慢。台灣的舞蹈教育不在乎學生在想什麼!要的是有形的「動作盒子」。但對我來說,不同語言的人有著相同的顧慮,而相同語言的人卻所想不同,真不知道人發明語言是幹嘛用的?一般是應是用來溝通、明白的,不過,現在的社會卻常用來製造對立、誤解、彼此陷害,真是浪費了語言的功能。

在歐洲,大多希望創造更符合當代思潮的技巧模式,他們會加入許多實驗性質、較綜合性的課程,為了鼓勵學生有自己的看法、風格及舞蹈方式,最重要的仍是如何表達及創作。在法國,他們有個稱謂叫「工作室」(Atelier),不管是個課程名稱還是空間,都代表著不斷地嘗試舞蹈的可能性。未來的世界沒人知道什麼樣的技巧將當道?也沒人敢說在「工作室」試出來的表現模式是不是未來的主流?什麼都有可能,因為世界變得很快,藝

術也有點發展到極致的現象。當我們還在現狀廝殺時，未來已經悄悄地步上世界主流了。

　　在法國的幾年生活，我羨慕他們的人民，因為政府為他們想到了未來及現有的生存環境，並注意藝術教育，視它為基礎教育，人民素質高是正常現象。如果教育讓我們的觀眾和學生都能夠具備了解藝術的概念和涵養，那麼，人們自然具備考核藝術家及鑑賞藝術的能力。或許這不是台灣藝術家所想要的，因為這將自然形成競爭及淘汰，但就決不會發生觀眾老被臉紅脖子粗的藝術家們說：「你們看不懂現代藝術（舞）。」不過，近幾年，我隱約感覺觀眾的藝術涵養已漸漸不亞於專業人士，但還不夠普及，其實這一切都應從學校的基礎教育注重起，但無奈現實不如期待，且有每況愈下的情形。雖然國民消費力蠻高的，但文化水準就是無法深入每一個人的心靈角落，只是可惜了孩子們珍貴的學習時光，已失去許多可以建樹的機會。

舞蹈路上

　　記得孩提時上舞蹈課，每次上課，老師總是給一套完整的芭

蕾（Ballet）動作，上課前半小時都會跳一次這套動作，頂多半年換一套，或升級時才更換，對小小年紀的我是有些乏味（好在老師人很好，所以我還留有美好回憶）。跳到後來，都不清楚自己在跳什麼？因為每次跳得都差不多，早就習慣了，動作一個順一個，根本不需要經過大腦想，就可以一個接一個跳下去；也不用了解動作的重點、應用方式及屬性，只要round即可，直到老師叫著自己的名字，才知道自己又跳錯了，才打起精神留點心。其實，老師每次指正的地方都差不多，不外乎是腿伸直、手抬起，再不然就是別翹屁股、肚子縮進去等等，我想學過舞的人大概都不陌生這些提醒。

另外，還有共同的經驗是：每堂課都要拉筋、劈腿、下腰，還有側翻和壓腿，不管幾歲，好像進了舞蹈教室就得經歷這些「折磨」。小時候只知道努力跟著，別惹老師生氣；現在長大想想，真有這必要嗎？於是，我利用這幾年不斷地實驗，並將過程與結果在此與大家分享一下：幼兒時期（約足歲四歲左右）即學舞蹈的小朋友，讓他正常地跳舞，不需每堂課都拉筋、劈腿，很自然地舞動伸展筋骨即可；小學階段（約七歲左右），讓他們在課程尾聲拉筋、劈腿，訓練一至三週即可跟上多年來每堂課拉

筋、劈腿的小朋友們，不用提早受那麼多苦，而且可將時間節省下來上更多有幫助的課程，不是很好嗎？

　　舞蹈課的課程可以多元而富樂趣的設計，不一定只有努力重複操練才能達到效果。讓孩子們享受跳舞、伸展肢體，在成長的心靈裡是豐富地盡情跳舞，不是很棒嗎？

　　這樣快樂的機會並不多，若是長大決定走這條路，進入院校的舞蹈專門科系，或者舞團工作，那就有許多由不得自己的訓練了。首先要分科、分派別學習其技巧，跟隨著老師給的每組動作起舞，沒什麼時間和能力停下來思考跳得是什麼？表達的是什

麼？跟著知名的老師算是慢慢開了些眼界，但是自己的舞蹈能力從何開始呢？想怎麼跳舞？還是一籌莫展。出了社會該怎麼教舞？怎麼看待舞蹈？怎麼發展？都是問題。除了每天跳了又跳的動作之外，我想舞蹈還包含許多，但大部分的人不去想。

　　剛回國時，為了不讓自己只認識舞蹈，我時常換工作，讓家人頭痛不已。而且喜歡在各種與藝術相關的公司上班，因為我們的領域相同又相異。在法國，讓我明瞭台灣的教育讓我缺少了什麼？在這樣的過程裡，我有幸觀察到畫畫老師們對於美感的注重。他們很有趣，畫畫課以前都每週上兩堂，現在普遍每週只上一堂課，不像舞蹈那麼頻繁。因為使用工具不同，舞蹈較無法回家自己跳。但值得學習的是：他們每堂課都會準備不同的主題，來讓小朋友嘗試。第一，新鮮感十足，第二，不會因固定的練習而僵化應有的發展。課程都饒富趣味，除了操作也需要動腦，讓小朋友很期待下一堂課的到來。這時，我反省舞蹈課為何每次上的都差不多呢？除了動身體以外應該多動腦，這樣腦袋才不會僵化而失去靈活。所以我決定好好實驗，就要求老闆幫我開舞蹈課，結果效果很好，無性別年齡之困擾，時時樂趣橫生，學生都變得好可愛而靈活。早知如此，就多下功夫將課程改良，要不然

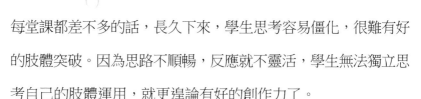

手舞足蹈

每堂課都差不多的話，長久下來，學生思考容易僵化，很難有好的肢體突破。因為思路不順暢，反應就不靈活，學生無法獨立思考自己的肢體運用，就更遑論有好的創作力了。

也因如此，我喜歡丟問題給學生，刺激反問他們許多問題，讓他們腦力激盪、去想、去思考，不用給我最標準的答案，但一定要有見解。剛開始，他們喜歡期待我給的答案，但我從不給一定的答案，而是繼續丟問題反問，到最後，就發現他們慢慢思考出一個方向，就可以漸漸給予肯定。世事本來就有是有非，看思考的觀念是對是錯，讓孩子們暢所欲言表達看法，不管用語言還是跳舞，都能刺激人與人的思考，這會使人聰明快樂而肯定自己，老師教起課來也事半功倍。有了聰敏的學生，課程就很順利地進行一大半，每次上課效果都可輕易達成，很容易就有成就感。依循這樣的理想和方向，我創造了百餘種有關兒童舞蹈的課程內容，本書只揀選 25 種，其餘的有機會再擇期出版。並在執行過程中沈澱許多想法和心得，超乎想像地用這樣的方式來教學舞蹈。學生所呈現的肢體語彙是不同於當下既有的感覺，較偏向展現個人的體型風格和風采。畢竟大家條件不一樣，能力也不同，我們又不是機器製造商，何必把大家練得都一樣呢？更令我

感到可貴的是：開拓了學生的創造空間，煞是有趣，連天性木訥、不善表達的小朋友，也能從中得到改善，輕輕鬆鬆運用肢體，能盡情地手舞足蹈，不擔憂太多。所以，我自覺沒有浪費這幾年的時光，也常感到豐富踏實。

我知道苦練多年而穩健的學會轉圈、漂亮 pose，是件很過癮的事，但有更多好的上課方式可以達成。舞蹈還有許多美妙過癮的事可常伴學習過程，這就如同生命的多彩得靠自己著色上去，發揮些許精力創造更富色彩的舞蹈教學。

身為舞蹈老師

回想自己八歲習舞，當舞者、老師、出國唸書，及現在的研究工作，都令我覺得人需要不斷的鼓勵及勇氣，才能維持理想。就我個人而言，要拋棄安穩固定的收入，改成窩在家中專心寫作，內心不免有些不安。剛開始有點擔心，不知下一筆收入何時進帳？但靜心想想，只要妥善安排，還是有辦法兼顧的。問題是：時光不等我，年屆四十，有些事再不做就來不及了。

身為「老師」，我提醒自己在執行課程時，避免習慣性地數

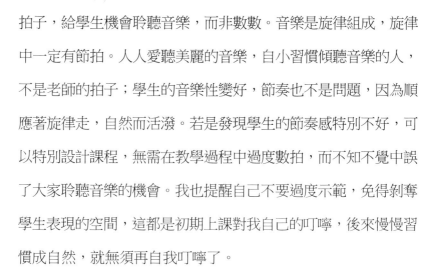

拍子，給學生機會聆聽音樂，而非數數。音樂是旋律組成，旋律中一定有節拍。人人愛聽美麗的音樂，自小習慣傾聽音樂的人，不是老師的拍子；學生的音樂性變好，節奏也不是問題，因為順應著旋律走，自然而活潑。若是發現學生的節奏感特別不好，可以特別設計課程，無需在教學過程中過度數拍，而不知不覺中誤了大家聆聽音樂的機會。我也提醒自己不要過度示範，免得剝奪學生表現的空間，這都是初期上課對我自己的叮嚀，後來慢慢習慣成自然，就無須再自我叮嚀了。

我常在上課時教訓小朋友：你的觀察力呢？細心地觀察你的周遭，它會形成記憶，當遇到類似的主題時，就擁有體驗來表達豐富。老師好的解說足以引導小朋友超過該有的效果；過多的干預和重複性，反而會拉開老師與學生間的距離，較難以深入溝通。要求是應該有的，但勉強、干涉、佔據、武斷，就不見得是好的。更不要代為創作，剝奪了孩子應有的學習機會。

有一個真實的例子，一位畫畫老師希望學生每堂課帶回家的作品都是好的，所以每次畫畫課結束前十分鐘，就將學生們無法完成的圖畫一一代筆完成。直到有一天，一位新的美術老師來任教，不同的是新老師並不為學生代筆，使學生非常痛苦。因為畫

不出來，以前老師會幫他們完成，但現在無法完成作品。學生有些恐慌、不知所措，而新老師只願意教學生錯誤、不懂之處，而且要學生嘗試把作品完成。結果那天放學，學生帶回家的作品慘不忍睹，甚至還有家長抗議老師的不是。但新老師仍舊堅持教法，真誠地要求小朋友自己完成作品，不懂的部分老師會竭力教導，但決不代筆。

結果幾堂課之後，不僅學生能自己從頭到尾畫完一張畫，而且還有自己的想法及看法，更重要的是：從小朋友臉上感受到滿滿的自信心，他們不再心虛， 因為有所體驗，也懂得如何提出問題、主動發問及表達感受，真正了解快樂的成就是源自於自己的成長進步。這是多麼棒的人生體驗！而它可不是老掉牙的例子，而是在坊間時常發生的實例。

台灣社會偏向認同表象，選舞蹈教室要裝潢漂亮、老師美又身材好，教得好不好就是其次了。時常看到國外知名的舞蹈老師，外形看來並不怎麼完美。為了印證，我還因此買了一本美國一百位知名舞蹈教師介紹的書。看看書裡的照片，大部分不是胖就是老，他們並不示範太多，穿著便服就穿梭於學生之間，泰然自若，運用語言術語解說來教導，為的就是不讓學生一味地模

仿，試著自己去做，可以建立自我的技巧操作，思考該如何達到。

他們是靠著一張嘴教到老，因為學生要的是他們豐富的舞蹈教學及經驗。他們洞察學生的需求，懂得引導學生。曾有一位學妹告訴我，台灣某間舞蹈教室很有心地從英國請來一位知名的芭蕾舞老師，後來卻招生不足。經過了解，因為這位名師沒有芭蕾舞者絕美的外貌與氣質，大家因外形而有成見的不向她學習，這就是台灣。難怪詐騙集團只要有帥哥美女就一切搞定了。

看到這些情形，所以我常勉勵自己：學生可以選擇老師，我也從不害怕流失學生。因為學生本來就不會永遠跟著老師，老師在孩子的生命過程裡只是一個點，這個點可以是推進的助力，也可以是妨礙的阻力。我只希望孩子們在離開我之後，能夠隨時隨地想跳舞，就能隨著音樂舞動肢體，不會尷尬，只要他想就能夠做到，不會有所顧忌及拘泥。更有人是沒有老師在他面前給動作，而讓他跳不出來的，真不知道那樣還學跳舞幹嘛？不能自己跳舞，就失去舞蹈的自主性。舞蹈的快樂就在於隨時可以手舞足蹈、無所顧慮。在教育過程中，培養學生獨立思考的能力，他才能自己創作、跳舞及欣賞藝術，擁有自己的觀點和想法。好的教

學及老師應是願意為學生想到未來多於現在，沒有人肯定未來是如何，但是多出一份心就能讓教過的孩子與眾不同，其中珍貴之處在於老師思考的出發點及那份心。

國家圖書館出版品預行編目資料

手舞足蹈：兒童舞蹈教學／黃金桂 著.
--初版.--臺北市：五南，2005 [民94]
面；　公分
ISBN 978-957-11-3943-2（平裝）
1.舞蹈－教學法　　2.學前教育－教學法
3.小學教育－教學法
523.23　　　　　　　　　94004736

1Y26

手舞足蹈—兒童舞蹈教學

作　　　者	－	黃金桂(307.2)
發 行 人	－	楊榮川
總 經 理	－	楊士清
主　　　編	－	陳姿穎
編　　　輯	－	陳姿穎　蔣和平

出 版 者－五南圖書出版股份有限公司
地　　　址：106台北市大安區和平東路二段339號4樓
電　　　話：(02)2705-5066　傳　　真：(02)2706-6100
網　　　址：http://www.wunan.com.tw
電子郵件：wunan@wunan.com.tw
劃撥帳號：01068953
戶　　　名：五南圖書出版股份有限公司

法律顧問　林勝安律師事務所　林勝安律師

出版日期　2005年5月初版一刷
　　　　　2018年8月初版四刷

定　　　價　新臺幣200元